本书是湖南省教育厅资助科研项目"大湘西地

果转化策略研究"（项目编号:21B0696）的研究成果。

大湘西地方高校产学研与科技成果转化策略研究：以怀化市为例

曹寒娟　陈超婷 ◎ 著

吉林出版集团股份有限公司

图书在版编目（CIP）数据

大湘西地方高校产学研与科技成果转化策略研究：以怀化市为例 / 曹寒娟，陈超婷著. — 长春：吉林出版集团股份有限公司，2024. 8. — ISBN 978-7-5731-5855-0

Ⅰ. G649.21；G644

中国国家版本馆CIP数据核字第2024XV6139号

大湘西地方高校产学研与科技成果转化策略研究：以怀化市为例

DAXIANGXI DIFANG GAOXIAO CHANXUEYAN YU KEJI CHENGGUO ZHUANHUA CELÜE YANJIU:YI HUAIHUA SHI WEILI

著　　者	曹寒娟　陈超婷
责任编辑	聂福荣
封面设计	林　吉
开　　本	787mm×1092mm　　1/16
字　　数	170 千
印　　张	13.5
版　　次	2024 年 8 月第 1 版
印　　次	2024 年 8 月第 1 次印刷
出版发行	吉林出版集团股份有限公司
电　　话	总编办：010-63109269
	发行部：010-63109269
印　　刷	吉林省恒盛印刷有限公司

ISBN 978-7-5731-5855-0　　　　　　　　　　　定价：85.00 元

前　言

本书是湖南省教育厅科学研究项目"大湘西地方高校产学研态势与成果转化策略研究"（项目编号：21B0696）的研究成果。该成果在广泛收集国内外高校产学研与成果转化策略和相关案例及文献的基础上，结合国家和区域科技成果转化战略，通过实地考察、样本实证、案例分析等方式，对大湘西怀化地区高校产学研与科技成果转化进行了系统的研究。从理论和实践层面建构了"大湘西地方高校产学研促科技成果转化高质量发展路径和策略"，分析了地方高校在产学研与科技成果转化方面的问题，提出了地方高校产学研与科技成果转化方面的路径和策略。本书的研究模式与案例分析不仅提供了实践经验，也丰富和提升了大湘西地方高校产学研合作与成果转化的理论内涵，为大湘西地方高校促进区域经济发展和社会进步提供了新的发展思路，也为地方高校产学研合作推动区域科技、创新网络联盟发展指明了方向，对我国地方高校产学研与科技成果转化发展有一定的借鉴意义。

当今时代，科技创新正以前所未有的速度和广度深刻影响着全球的发展格局。《中华人民共和国国民经济和社会发展第十四个五年规划和2035年远景目标纲要》提出，坚持创新在我国现代化建设全局中的核心地位，把科技自立自强作为国家发展的战略支撑。高校作为知识创新与人才培养的重要基地，在促进区域经济发展中肩负着重要使命。加强高校与企业、科研机构的紧密联系能够有效整合资源，促进知识流动与技术创新，为国家科技创新体系注入源源不断的活力。大湘西地区拥有独特的地域文化特色和科技创新发展潜力，是湖南省乃至国家区域科技创新成果转化以及实施区域创新驱动发展战略的关键区域。大湘西区域的地方高校、研究院所等科研机构对推动湖南省相关产业的发展起着重要的支撑作用，然而大湘西地区受地理位置的局限，加之产业结构不合理、信息较落后以及诸多历史和现实原因的束缚，与东部地区经济发展水平的差距逐渐拉大，在科技发展方面依旧存在诸多问题，如科技成果和产业融合度不高、科技资源要素的流动性不强、科技资源整合力不足、科技成果转化力较弱等一系列问题。如何充分利用大湘西地方高校的人才培养与科学研究，在产学研合作机制之下实现高效的科技成果转化，进而有力地推动大湘西区域经济的发展，成为亟待解决的重要问题。

本书结合大湘西所处地区的现实语境，通过深入分析国家政策导向，深入思考大湘西地方高校如何深化产学研合作与科技成果转化，实现高校、企业、科研院所之间互惠互利、合作共赢以及跨越式高质量发展。因此，本书以大湘西地区的重要城市——怀化市为例，以其区域科技创新发展为主线，以产学研合作为视角对怀化市产学研合作与科技成果转化进行了比较深入的探析，并提出了以下观点：立足地方高校，开展高水平应用型科学研究；优化教育体系，培养高素质应用型科技人才；发展创业型大学，激发高校成果转化内生动力；加强协同创新，促进区域科技创新体系发展。总的来说，本书所构建的"大湘西地方产学研合作促高校科技成果转化高质量发展路径和策略"系统地分析了区域特色科技资源创新体系的建构，探究了大湘西地方高校科技成果转化的现实因素，探析了大湘西产学研与科技成果转化的模式以及存在的问题，进而提出了高质量发展的相应策略，为发挥大湘西地方高校在科技创新领域的作用提供了有力的理论支持和切实的实践指导，也为地方科技事业发展制定相关政策提供了一定的理论依据和参考。本书在撰写过程中，学习和参考了多位大家的相关著作，在此感谢相关作者，如有疏漏之处，恳请读者朋友们批评指正。

曹寒娟　陈超婷

2024 年 2 月

目　录

第一章　产学研合作与科技成果转化理论概述

本章包括产学研合作与科技成果转化研究现状、产学研合作与科技成果转化相关概念、产学研合作与科技成果转化要素分析、产学研合作与科技成果转化关系分析。本章首先对国内外高校产学研合作与科技成果转化的研究现状予以述评，接着对其概念进行阐述，这些构成了本书研究的理论起点。然后对产学研合作与科技成果转化的主体要素以及两者之间的关系展开分析和论证，得出高校产学研合作乃是促进科技成果转化的关键力量，得出产学研合作是科技成果转化的有效形式。

第一节　产学研合作与科技成果转化研究现状

一、产学研合作的研究现状述评

到目前为止，国内外产学研合作方面的研究成果颇丰，笔者通过查阅和梳理文献，得出学界大部分专家学者对产学研合作的研究主要集中在以下五个方面。

（一）产学研协同创新的研究

近年来，国内学者采用协同创新理论的视角对产学研合作展开了大量的研究。陆园园对国内产学研协同创新的演进、现状以及实践成果进行了全面、系统的分析，还对国外产学研协同创新实践进行了深入的探讨，进而提出了推动中国产学研协同创新的有效对策。温平川等系统地梳理和探讨了产学研协同创新理论，归纳了其影响因素，对国外典型产学研经验进行了总结，得出了产学研知识互补性的转化问题。罗琳等从知识管理、协同创新等方面对产学研合作的基础研究与现状进行了比较全面的梳理，并从知识协同角度对产学研协同创新过程及影响因素进行了大量的分析与论证。胡雯分析了产学研协同创新形成的原因，梳理了国内外产学研协同创新的典型模式，重点对协同创新中心的特征与动态利用社会网络分析法进行了分析，建构了产学研协同创新的识别模型，并利用该识别模型探讨了产学研协同创新对科技型上市公司的影响，最后针对产学研协同创新体制机制问题提出了有效对策。

随着知识技术发展的速度加快以及市场大环境不确定性因素的风险加大，企业仅依靠自身资源进行技术创新的难度上升。陈立泰对产学研合作与产学研联盟进行了比较研究，系统、全面地梳理了国内外产学研联盟现状及相关理论，指出产学研联盟是产学研协同的新合作方式，是实现技术创新的有效途径，并以重庆市为例，对重庆市产学研联盟发展现状、发展问题、运行机制等进行了探讨，且从政府管理视角研究了政府角色定位及其行为规范，最后结合相关案例提出了产学研创新政策和建议。罗琳等探讨了产学研协同创新的知识协同问题，分析了知识协同的作用机制，构建了知识协同的理论框架体系，展示了知识协同的运行过程，并运用层次分析法（Analytic Hierarchy Process，AHP）对知识协同水平进行评价，得出其评价方法与评价体系具有一定解释力的结论。邢泽宇分析了产学研协作网络的内涵和特点以及产学研合作双模网络嵌入的相关概念，对双元创新、利用式创新、探索式创新进行了概念界定，建立了双模网络对双元创新的影响的研究框架。塞拉诺（Serrano V）和费希尔（Fischer T）认为协同创新就是合作中的创新主体通过协调、沟通与合作协同将知识、技术、机会进行跨界共享，从而达到质变效率和创造价值的目的。张瑜分析了产学研合作创新的网络型管理模式，并以国内外具有代表性的产学研网络型协作案例为重点，进一步分析了知识流动效应测度机制、网络演化机制、网络利益协调机制等重要问题。国内外学者对产学研协同创新的研究为本书的研究提供了很多有益的参考。

（二）产学研合作模式的研究

朱恪孝等通过总结国际产学研合作模式的经验，提出了中国西部地区产学研合作应将高校技术创新和企业市场拉动相结合，选择技术和市场双向推动产学研共建联盟的模式，来建设西部区域创新体系。申绪湘分析了高校产学研合作模式的现状，通过研究民族地区高校产学研合作案例、产学研合作创新模式、产学研合作创新实践案例等，对产学研合作理论基础与产学研合作实践进行总结归纳，并提出了民族地区高校产学研合作的建议。

随着产学研合作在国家创新发展中的地位日益重要，实践中的产学研合作主体呈现多元化以及合作方式呈现多样化的特征，针对这一现状，不少研究人员对产学研合作模式进行了分类。毛钟红等、韩启飞等从产学研合作主导作用的角度对其模式进行了分类；原长弘、任志宽等以合作契约为依据对其模式进行了分类；鲁若愚等、崔旭等从产学研合作紧密度的视角对其模式进行了分类；危亚琼、王悦、王章豹、文华、初国刚、王尧等以合作要素为基准对产学研合作模式进行了分类（表1）。这些研究为笔者认识、了解多样的产学研合作模式的分类拓宽了视野。

表1　产学研合作模式分类研究列表

作者	种类	依据	产学研合作模式分类
毛钟红等	四种模式	主导主体	政府主导型合作模式、企业主导型合作模式、学校主导型科技产业模式与校企联合共建模式
韩启飞等	六种模式	主导主体	技术转让模式、委托研究模式、联合攻关模式、共建科研基地模式、建立研发实体模式、大学科技园模式
原长弘	七种模式	合作契约	技术转让、联合开发、委托开发、共建实体、大学与研究所推进型、企业拉动型、政府组织型
任志宽	四种模式	合作契约	技术入股模式、联合共建模式、项目孵化模式、人才交流模式
崔旭等	七种模式	合作紧密度	联合开发、委托开发、聘任科研人员到企业协助开发、共建研发机构、共建经济实体、共建人才培养基地、建立技术创新联盟
鲁若愚等	六种模式	合作紧密度	技术转让、委托研究、联合攻关、内部一体化、共建基地、共建实体
危亚琼	七种模式	合作紧密度	合作开发模式、联合共建实体模式、创建大学科技园模式、专利和技术转让模式、政企多项对接模式、省部合作创新模式和人才合作培养与交流模式

（续表）

作者	种类	依据	产学研合作模式分类
王悦	四种模式	合作紧密度	科技园区模式、中介机构主导模式、学研机构主导模式、人才联合培养模式
王章豹	四种模式	合作要素	以产学合作教育为中心的人才培养型合作模式，以提高技术创新能力为宗旨的研究开发型合作模式，以联合开发生产高附加价值的科技产品为目的的生产经营型合作模式，以教育、科研与生产紧密结合为特征的立体综合型合作模式
文华	五种模式	合作要素	基于能力与人才培养的产学研合作模式、基于技术与项目开发的产学研合作模式、基于网络与信息交流的产学研合作模式、基于基地与实践指导的产学研合作模式和基于企业与创业指导的产学研合作模式
初国刚	八种模式	合作要素	高等学校模式、项目模式、联合培养人才模式、区域合作模式、传统模式、联合模式、共建模式与产业技术联盟模式
王尧	三种类型	合作要素	技术转让模式、合作研发模式、共建实体模式

针对国内外产学研协同创新理论与实践研究工作，以产学研组织模式研究为主要内容的相关研究，主要从对产学研协同创新的组织模式的总结、产学研协同创新模型的构建等方面展开。希恩（Shinn）和拉米（Lamy）的研究认为，企业和高校的合作建构的模式主要包括技术协助模式、合作研发模式、许可证合作模式、各种资讯（正式或非正式的）交流与人才引进模式等。

（三）产学研知识转移的研究

吴洁等对高校产学研中的知识转移模式、创新机制、知识转移能力提升等进行了分析，并结合实证分析提出了相应的提升知识转移效率的对策和建议。郭惠系统地分析了国内外高校产学研的基本内容与经验，介绍了政产学研的融合与演化，在论著中形成了政产学研相融合的分析方法与理论体系。王爱文从知识生产模式理论的角度，阐释了产学研合作与知识生产模式的发展历程，分析了我国产学研合作目前存在的问题，探讨了其形成的原因，通过研究发达国家产学研合作的成功案例，对我国产学研发展提出了相应的建议与对策。李梓涵昕全面系统地分析了产学研、知识转移及其主体差异研究等相关文献，通过对三家典型企业产学研合作案例的研究，探讨了产学研合作中的学习意愿、吸收能力、知识特征对知识转移的影响，分析了知识技术差异、合作目标差异与关系强度对知识转移的调节作用，提出了相关理论模型和研究假设。刘敦虎基于对产学研相关理论的探索，解答了产学研联盟知识转移的选择机制、过程机制、风险控制机制、冲突协调机制等问题，并对产学研联盟知识转移的具体实施过程进行了有益探索，对一系列知识转移机制的运行效果进行了实证研究，探讨了产学研创新联盟知识转移机制的内部关系及其对知识转移效果的影响。

此外，在知识产权转移研究方面，顾志恒等认为知识产权是高校科技创新的重要产出，也是科研人员创业的核心资源。在产学研合作中，知识产权是创新能力转移的重要载体，以不同的方式为企业直接受让取得并吸收转化，但也会因为创业者身份重叠、创新资源界限不清、评估方式不足等问题，对知识产权的独立性和价值公允性造成不利影响。要消除这些不利影响，高校应从兼职创业制度、创新资源配置、价值分配方式、成果评价机制、知识产权体系等方面进行完善和改进。

（四）产学研问题策略的研究

张忠家等对国内外产学研合作模式进行了介绍，以长江大学人才培养案例为重点，分析了其产学研合作人才培养的理论依据、评价研究、质量价值，并对长江大学的产学研合作与合作教育进行了比较研究，总结出产学研合作存在的问题，并提出了有效的对策与建议。马库斯·珀克曼（Perkmann）和凯瑟琳·沃尔什（Kathryn Walsh）对产学研合作模式的选择问题进行了探讨。刘平等关注产学研合作教育，对产学研合作教育的形成发展、基本模式、运行机制、评估与学生创新能力培养等进行了详细的介绍，并针对我国产学研合作教育出现的问题提出了解决对策。郭大成等对产学研用的相关理论、运行机制、团队建设、实现形式、绩效评价、案例研究、知识转移和技术转移等进行了较深入的分析，并利用SWOT（Strengths，Weaknesses，Opportunities，Threats）分析法，提出问题并给出对策建议，还对产学研用结合进行了比较。陈芳通过梳理中国、英国、德国、日本、美国等世界主要国家产学研合作的政策重点，分析了新型产学研创新战略的方向与重要举措，总结了我国产学研的政策问题，并针对政策的不足提出了对策建议。王崇举比较全面地梳理了产学研合作的概念、内涵、意义，通过案例分析总结出产学研合作创新的实践经验，并对国内外高校产学研现状进行了比较研究，针对相关产学研合作问题提出了有效对策。于东平选取了云南省产学研合作企业的典型案例，以企业为视角分析了创新绩效、组织边界能力与创新激情三者间的辩证关系，提出了产学研合作相关理论假设，构建了相关理论模型。杜茂华等详细地梳理了产学研协同创新与深度融合的内容，探讨了产学研各主体在产学研体系中的实践，总结了国外产学研协同创新经验，强调政府在产学研中的重要作用，指出要在深度融合机制下构建合作框架，并提出了相关建议和对策。

（五）促进科技成果转化的研究

为了促进科技成果转化，利用外部资源进行开放式创新，尤其是与创新资源丰富的高校、科研机构合作，成为企业提升创新绩效的重要战略举措。高艳慧以2005年至2018年期间我国"985""211"工程高校发明专利为研究样本，展开了一系列的实证研究，证明了提升专利技术深度可以加快高校科技成果转化，得出了产学研合作能够促进大学专利的转化的结论。郝军红等探讨了各国为了恢复经济实力，依托高校科技成果，加快科技成果的转化成了大多数国家的发展战略之一。翟美荣不仅对产学研合作与创新进行了详尽的梳理与探究，还指出了科技生产关系与产学研的关系，并就产学研与科技生产关系功能建构进行了深入的探讨。何发岐等提到我国传统科技管理模式在科技成果转化、创新能力培养、科研人员激励等方面存在一定的问题，可以通过优化顶层设计建立高效的科技管理体系，以实现多专业协同合作、减少盲目创新、降低科技风险、缩短科技周期、培养管理人才的目的，开发理论与技术体系，保障企业可持续发展。温兴琦探讨产学研合作机制以及其对企业创新绩效的促进作用，以2010年至2021年度中国A股上市公司为研究样本，将高管的学术背景、政府的创新补助等作为调控变量纳入研究框架。通过实证分析发现，在推动企业创新业绩方面，产学研合作作用明显，这一效应在企业具有高比例学术背景高管的情况下更为显著。由此可知，企业与高校、科研机构开展产学研合作不仅能够分摊研发成本、降低创新风险，而且能够获得较高的创新绩效。

另外，在产学研平台建设、效率评价、资源整合、合作机制等方面，学者们也展开了相关的研究，为笔者提供了很多有益的参考。李小妹对我国省部级产学研平台建设进行了研究，建构了跨越条块独立的科技管理体制，拓展了网络化治理、政府间关系、产学研合作等相关理论，为创新科技管理体制的建立提供了有价值的参考，为实施创新驱动产学研发展提供了理论支持。庄涛从资源整合的角度对产学研三螺旋关系进行了分析，提出了全面整合高校、政府、企业等多方科技资源的方案，丰富了产学研合作理论体系，对产学研协同创新实践的推进有一定的价值。胡刃锋较全面、系统地介绍了产学研协同创新隐性知识共享的背景和现状，并从产学研、知识共享和系统科学三个角度引入了系统科学理论，丰富了知识管理理论和实践指导方法。张省以市场为导向的生命周期模型为基础，重点分析了每个阶段产学研创新合作中激励动力不足的问题，丰富和拓展了产学研合作的激励机制。

二、科技成果转化的研究现状述评

在科技时代高速发展的进程中，国内外针对科技成果转化方面的研究成果极为丰富，笔者经过对文献的查阅与梳理，发现学界多数专家学者对于科技成果转化的研究主要集中在以下五个方面。

（一）科技成果转化模式研究

陈兰杰对高校科技成果转化的含义、影响因素作了比较详尽的介绍，指出了科技成果转化的根本目的，还对国内外科技成果转化模式与特点进行了较为全面的分析，把国内成果转化模式分为自我转化、合作转化与成果转让三个方面，并从大学内部设立专门机构、发展风险投资、健全中介服务体系、发挥政府职能、建立评估标准和利益分配机制等方面提出了政策建议。但陈兰杰所讨论的很多内容随着政策制度的改变而发生了改变。谷德斌等探讨了技术创新与科技成果转化的关系，将高校科技成果分为五个方面：基础理论方面、人文社科方面、经济管理方面、应用技术方面、军事领域方面，提出了科技成果转化观念滞后、脱离现实、信息不畅、机制不全的问题，并围绕问题从高校内在动因、政府核心驱动、风险基金驱动、中介服务驱动等角度提出了高校科技成果转化驱动模式。胡罡等通过丰富的地方案例对我国高校科技成果转化的现状、模式创新等进行了详细介绍。他们都重在对科技成果转化的现状和模式进行描述，缺乏对现状成因的反思。

还有学者以高校为例，对高校科技成果转化模式、过程等问题进行了研究。西格尔（Siegel）和沃尔德曼（Waldman）提出最大限度地减少大学与产业界之间的冲突障碍，提高大学科技成果转化率的关键在于加强大学与产业界的互动。戚湧等分析了科技成果转化国内外研究现状，通过研究分类成果转化、市场转化分析，总结了政府主导模式、混合模式和市场模式，还以江苏高校为例进行实证分析与评价并提出了对策建议。陈强等对我国高校科技成果转化的大量案例进行了分析，对高校科技成果转化的理论与实务从成果转化的现状与实践、过程与对应能力、转化模式、平台构建等角度进行了较全面、系统的梳理，并对国内外高校科技成果转化工作进行了比较研究。朱琬宁对国内外四所高校科技成果转化现状进行了分析，对其服务模式进行了对比研究，且围绕管理体制、政策推动、人才培养等问题进行了深入探讨，并提出了建立成熟的技术转化生态体系、技术转化流程和技术转化服务模式三方面建议。常旭华等不仅总结出实践层面高校科技成果转化的四类主要模式，还归纳了模式的不足与转化的共性问题，并针对问题提出了相应的政策建议。这些研究为相关研究者提供了丰富的科技成果转化模式问题实例，但多在描述现状本身，对于现状问题的反思不足。

学者对国内外高校科技成果转化模式的分析、介绍与探讨让笔者对国内外高校科技成果转化有了更直观的理解，也拓宽了笔者的视野。袁传思等对我国 2013 年至 2017 年间的科技投入与产出进行了全面、系统的梳理，对国内外科技成果转化模式进行了对比分析，归纳了国内高校科技成果转化的多元路径、影响国内高校科技成果转化效率的内外因，并对提高高校科技成果转化效率的实施模式和路径提出了有效对策与建议。石照耀等比较全面、系统地对科技成果转化内涵和国内外科技成果转化模式进行了分析，以北京工业大学科技成果转化为例，探讨了科技成果转化创新之路由线至网的发展趋势，并从人、技术、资本、市场、政策等维度提出了促进高校科技成果转化的"通道"对策。梁晶晶围绕高校科技成果转化的校办产业模式、技术转让模式、校企合作模式、科研计划模式进行了系统的分析，提出了科技成果转化过程中存在的问题，并结合国外科技成果转化模式对我国科技成果转化模式的优化进行了探讨。这些研究成果为本书对我国更为全面的高校科技成果转化模式框架的研究提供了多元的视角与选择。

国内学者从理论、管理等方面梳理科技成果转化模式也为本书的研究提供了很多有益的参考。彭定赟等对双创内涵进行了较详尽的阐述，以科技投入与成果产出率为视角对高校科技成果转化现状进行了描述，并提出了四种创新管理模式：高校联合创办线上科技成果转化平台模式、创业人才培养与科技成果转化结合模式、建立科研市场考察小组管理模式、高校科技成果自行产业化模式。李飞等提出了"互联网＋高校科技成果转化"模式，并对模式的内涵、实现方式进行了详尽的介绍。科学技术部科技人才交流开发服务中心（2020）将科技成果转移转化管理分为科技成果及其管理（科技成果概念、管理、评价、权属等）、科技成果转移管理（技术转移概念、方式与通道、人才管理与体系建设等）、科技成果转化管理（科技成果转化概念、方式、宏观管理、过程和人才管理等）以及科技成果转移转化行政管理体系与政策法规体系。程燕林等对科技成果转化理论等进行了梳理，并对科研人员的行为动力进行了较完整的分析，构建了科技成果转化模式的"阶梯模型"，提出了内驱模式、推动模式、牵引模式、鼓励模式四个科技成果转化新模式，并通过一系列案例对该模式开展验证。王健等对科技成果转化管理模式、方法以及流程做了详尽介绍和细致分析，还提供了41所高校科技成果转化管理模式的示例，并对如何促进高校科技成果转化管理提出了建议。

学者对高校科技成果转化模式的实用、创新、互动等方面的研究对本书有一定的启迪作用，如斯瓦米达斯（Swamidass）的研究指出可以通过成立大学衍生公司推动大学科技成果商业化，这是一种更优的路径选择。万慧颖等从高校与政府合作成立转移机构模式、高校与企业合作直接转化模式和高校衍生企业科技成果转化模式三个角度做了详尽介绍和细致分析，还对科技成果转化存在的障碍因素进行了较全面的梳理，并针对如何促进高校科技成果转化提供了有效对策。邱峰以自主创新战略为视角，对高校科技成果转化主要模式、制约因素、保障措施进行了深入分析。罗林波等从实用角度出发，对高校科技成果转化实践经验进行了全面、系统的梳理，以中国地质大学（武汉）为例，归纳出科技成果直接转化孵化公司、科技成果与企业需求对接、重大科技成果包转化、组建学科性公司、专利包运营等模式，并对模式的核心进行了深入探讨。张玉华等对高校科技成果转化的平台治理逻辑与治理机制作了比较详细的分析，在可转换优先股交易架构和有限合伙治理架构方面提出了科技信用通证与科技嵌套专业风险投资概念，设计了科技信用通证交易市场体系，构建了嵌套共生数智平台网络系统，还对专业嵌套风险投资的运作模式进行了探讨。

关于促进高校科技成果转化，本书既受到学术界对科技成果转化研究的影响，如对影响科技成果转化的障碍因素进行分类并加以分析，也受到法律界的影响，如对"双重计税"现象的反思。英国学者罗斯威尔（Rothwell）和泽格维尔德（Zegveld）将国家创新政策分为供给侧、需求侧、环境侧的分类方式对我国学者影响较大。我国学者梅姝娥、史国栋、岳鹄、宗倩倩等都对影响高校科技成果转化的障碍因素进行了全面、深入的分析，这让本书的研究具有多重角度的分析视角。朱一飞、杨雅婷、邓恒等几位学者从法律视角对高校科技成果转化的论述，对本书分析、推进科技成果转化为生产力的启发颇大。

（二）科技成果转化问题对策

学者从我国各个地方的地域案例对科技成果转化问题及对策的分析为笔者认识、了解各地高校科技成果转化问题及对策提供了大量的素材。刘洋等通过丰富的样本对广东省高校和科研院所的科技成果转化现状、路径与模式等进行了详尽介绍，对制约科技成果转化的因素进行了总结，可以分为：部分政策法规仍需系统协调优化、高校科技成果转化投入不足、企业与高校供需匹配存在错位、科技成果价值评估体系尚不完善、科技成果转化专业人才严重不足与科技成果转化服务链条尚需完善，并提出了相应的有效对策。王玲分析了高校科技成果转化现状，还提供了上海市某高校科技成果概况的示例，归纳出高校科技成果转化的问题，并提出了相关的对策。钱智等对上海高校科技成果转化现状、问题进行了探讨，还对问题进行了实际评价，并提出了有效的对策建议。李华对国内外高校科技成果转化的发展历程、典型案例和成功经验进行梳理总结，从具体政策及举措等方面提出问题，并针对秦皇岛市的高校科技成果转化提出了有效对策。

还有学者专门围绕高校科技成果转化中的法律问题进行研究，如康建辉等以知识产权保护为视角分析了高校科技成果转化中的法律问题，并对此提出了有效解决对策。宋河发等指出了高校科技成果转化和知识产权运用的问题，将其分为：供需矛盾问题、市场失灵问题、政府失灵问题，从法律制度、资产管理、政策体系、人才培养、企业主体、利益分配、创业支持、知识管理、评价制度等角度提出了政策建议。蒋兴华等对高校科技成果转化相关法律法规及政策进行了细致的梳理，从政策分析的视角总结出科技成果转化的制约因素，并提出了有效对策。贾雷坡等不仅从政策法规、专利质量、转化机构三个方面对高校和科研机构科技成果转化的问题与原因进行了较深入的分析，还对国外发展经验进行了梳理，并提出了相应的对策建议。这些研究为笔者认识、了解多样的科技成果转化问题拓宽了视野。

乔杉指出了高校科技成果转化主要面临的政策制度、评价机制、知识产权管理和企业吸收能力等方面的问题，并针对问题提出了对策建议。萧建秀等较全面地梳理了高校科技成果转化基本模式，还对高校、科研机构的科技成果转化问题进行了深入的分析，并提出了有效对策。陈华和张金福等对高校科技成果转化数据进行了梳理并提出了问题与对策，但未能对高校科技成果转化问题的出现进行反思。学者从法律的视角分析、评价高校科技成果转化模式的研究也扩展了本书的研究视野。肖鹏等指出了五种校企联合研发模式，对影响高校科技成果转化的问题进行了归纳并提出了建议。常旭华等不仅从涉税角度对国内外高校科技成果转化税收政策体系进行了详尽的阐述，还就技术转让模式、技术入股模式等热点问题进行了政策分析和描述，提出了两种模式税收政策差异过大、技术入股模式存在不明晰与"双重计税"现象等问题，同时对税收政策建议进行了深入的探讨。李晓慧等不仅对日本促进高校科技成果转化法律政策、转化和转让模式进行了全面、系统的梳理，还对运行模式进行了案例分析，指出了应重视专利转让出售，并提出了促进中国高校科技成果转化的对策建议。

（三）科技成果转化过程研究

学者对我国高校科技成果转化过程的分析让笔者对高校科技成果转化问题的形成有了更深刻的理解。孙泽文等将高校科技成果的转化过程分为试验发展、企业化生产、产品商业化及产业化等三个环节，高校科技成果转化层次可以分为科技成果向技术成果的转化、技术成果向工程成果的转化以及工程成果向现实生产力的转化三个层次，并归纳出高校科技成果转化的主要方式：自办企业、技术转让、校企合作转化和创办科技园，还对高校科技成果转化的制约因素进行了反思。徐国兴指出了高校科技成果转化过程为"四节点三阶段"，四节点包括研究人员、科技成果、可转化科技成果、可转化科技成果转化，三阶段可以分为：小试阶段（小规模和少次数的实验室实验）、复试阶段（较大规模和多次重复的实验室实验）和中试阶段（中间试验：“成本—效益”的经济性开发研究），并对高校科技成果转化与成果产出率低的问题进行了系统的描述，且提出了三点相应对策。这些研究成果帮助笔者更为全面地构建起对于高校科技成果转化过程的认知框架。另外，金（Kim）和卡尔森（Carlsson）通过实证研究证实了高校技术转移对成果转化具有重要作用。

关于高校科技成果转化过程中各方面问题的梳理，学者们提供了不同的研究视角与内容，这为笔者提供了很多有益的参考。李玉清等对高校科技成果转化过程中的问题进行了较全面、系统的分析，指出了转化过程中的体制、利益、资金、信息和人才紧缺的五个问题，并提出了促进高校科技成果转化的有效对策。杜海平详尽地梳理了高校科技成果转化的政策现状，就政策方面问题进行分析，并提出了相关完善建议。申轶男等从科技投入和成果产出两方面分析了高校科技投入与成果产出现状，对高校科技成果转化问题进行了较详尽的分析，并提出了意见与建议。罗林波等对高校科技成果转化进行了深入分析，探析了存在的五个问题，并提出了解决方法及对策建议。唐丹蕾等指出了影响高校科技成果转化的主要问题包括机制障碍与信息差，并通过案例分析提出了具体建议。

（四）科技成果转化机制研究

对高校科技成果转化机制研究已经成为国内外学术界分析科技成果转化问题和对策的重要依据。国内外学者普遍认为，高校科技成果转化的成功关键在于政策的推行与机制的构建。有学者认为，得到大学内部技术转移中心支持的科研人员更容易申请专利，因为技术转移中心可以通过专业化服务减轻科研人员的压力，促使科研人员增加专利申请。

随着高校科技成果转化的不断深入，国内学者开始从机制的角度探讨科技成果转化。程媛深入研究了国内外高校科技成果转化的发展现状、问题、案例，并对国内外成功经验进行了比较研究，建构了高校科技成果转化促进机制模型，提出了促进机制的主要内容可以分为组织优化机制、战略联动机制、资源整合机制、利益共享机制和综合保障机制。刘吉臻不仅对高校科技成果转化的成绩和面临的问题进行了全面、系统的梳理，还以华北电力大学为背景分析了高校科技成果转化的实践，探讨了高校科技成果转化机制体制的创新及其实施效果，以及科技创新问题和体制机制问题。王欣对高校科技成果转化的内涵和管理体系、模式、知识增值机制和现实生产力转化机制、知识管理耦合机制几个方面进行了较详尽的分析研究，并构建和评价了高校科技成果转化知识管理体系，提出了提高成果转化效率与知识管理绩效的具体建议。

（五）科技成果转化政策研究

在政策梳理方面，卢章平等对我国 1980 年至 2011 年的高校科技成果转化政策进行了系统的梳理、分析与评价，并将其分为政府资助政策、权益归属政策、奖励政策与税收优惠政策。马江娜等对 64 份 1996 年至 2016年中央政府颁发的科技成果转化政策框架、单元等进行了全面、系统的分析，从政策工具和创新价值链的双重视角归纳政策问题，并为后期政策的提出提供了借鉴。杜宝贵等对我国 1978 年至 2018 年间颁布的 311 部科技成果转化相关政策和科技成果转化政策体系的演进进行了清晰的介绍，指出了科技成果转化政策体系可分为政策过程、内容、组织体系，并总结出主要科技成果转化政策的动态调整方向。陈玉涛以大量的企业科技成果评价案例对科技成果评价内容和意义、现状和趋势、政策和情况进行了详细的介绍，并对科技成果评价的历史沿革进行了较全面的研究梳理。吴寿仁对中国科技成果转化四十年间的政策体系进行了梳理归纳，指出了中国科技成果转化发展分为全面开花、全面深化、加速发展、重点突破四个阶段。龚完全等比较全面、系统地剖析了高校科技成果转化的现状与问题，并就政策取向方面提出了有效对策。祁红梅等不仅对高校科技成果转化的现状、分阶段影响因素及机制进行了分析，还对高校科技成果转化政策的实施和国内外高校科技成果转化经验进行了较详细的阐述，并构建了高校科技成果转移转化机制，还提出了激励成果转化的有效对策。这些细致的研究为笔者详尽地了解高校科技成果转化政策提供了翔实的样本。

在政策分析方面，肖国芳等根据中国科技成果转化背景将中国技术转移政策分为四个阶段，归纳出政策重心由中央下移地方，政策主体呈多元化、协同化趋势；政策核心由引进跟踪转向自主创新，由政府主导转向市场驱动，并对技术转移政策存在的问题进行了探讨，提出了政策启示。吴寿仁对高校科技成果转化政策落实情况围绕高校院所"三技"合同情况分析（年度比较、高校与科研院所之间比较、央地所属单位间比较）、科技成果转化项目评估情况进行了全面、系统的分析。张亚明等构建了科技成果转化政策工具二维分析框架，并运用内容分析法结合 NVivo12 质性分析软件，对河北省 2010 年至 2022 年的 34 份科技成果转化政策文本进行了较深入的研究，通过政策工具视角分析出政策的不足，并针对政策存在的问题提出了相应的策略和建议。王晓红等运用扎根理论对 2016 年至 2018 年间发布的 881 份关于科技成果转化相关政策文本进行分类分析，探究了政府政策组合与科技成果转化的关系，指出政策组合与科技成果转化效果之间存在倒 U 型关系。王伟伟等以"间断—均衡"理论构建了地方高校科技成果转化政策的理论框架，同时采用文本分析法对 2004 年至 2021 年间的地方高校科技成果转化政策进行了分析，指出我国地方高校科技成果转化呈现间断性与均衡性并存等特征，并针对政策问题提出了优化路径。学者对科技成果转化的政策的分析让笔者对科技成果转化政策方面有了更深入的理解。

在对产学研与科技成果转化文献进行了长时间的研究后，我们可以清晰地发现，我国关于产学研与科技成果转化研究的数量相当多。这些研究的覆盖面也比较广，而且在众多的研究过程中，几乎都不约而同地提到了要进一步加强产学研合作，也着重强调了政府在推动科技成果转化中的重要地位和关键作用。研究的数量很多，并且有值得我们深思之处。具体来说，这些研究以观点陈述研究居多，理论研究和探源研究的比重较高，综合研究所占比重也比较大。虽然产学研合作和科技成果转化的研究看起来非常丰富，但在一定程度上呈现出单一性和重复性的特征，尤其是专题性研究相对较少。另外，在成果转化的实际操作层面缺乏足够的指导和借鉴，也缺乏分析具体实践问题的精准研究，这就导致我们在面对科技成果转化的实际问题时，少有有效的策略来指导解决实际的问题。

综上所述，对当前产学研合作与科技成果转化研究而言，以现有模式为导向的实践性研究、以具体问题为导向的分析性研究、以政府作用为导向的专题性研究相对较少，这无疑是当前产学研合作与科技成果转化研究的一大弱项。我们应加大对这些薄弱环节的投入和重视，不仅要继续保持对基础理论的重视，也要对综合性研究加以重视。只有这样，我们才能够更加全面、深入地理解和推动产学研合作与科技成果转化机制的发展，才能真正掌握科技成果转化机制的本质和规律，从而更加坚实地支持和保障我国的科技创新和经济发展。

第二节　产学研合作与科技成果转化相关概念

到目前为止，国内外产学研合作方面的研究成果颇丰，通过查阅和梳理文献，我们得出了学界大部分专家学者对产学研合作的研究主要集中在以下五个方面。

一、产学研相关概念界定

（一）产学研合作的概念

产学研理论是阐述高校、科研院所和企业在创新发展过程中相互协作的理论。就产学研概念而言，有许多研究者都发表过自己的阐释，在我国有"产学研合作""产学研联合""官产学研"等几种提法，学者徐恩波认为"产"代表产业界，包含各类产业中的现代企业与现代企业家；"学"代表学术界，专指大学中有可能占领市场，形成产业的知识、技术、人才和成果；"研"代表科研界，主要指应用型科研院所的科技成果和科技人员。在国外有 Co-operative Education、Government-University-Industry Relationship、Idustry-University Collaboration 等称法。产学研理论出现的时间较早，最初以一种教育形式出现，一般称为合作教育（Co-operative Education），在 1906 年由美国赫尔曼·施奈德开创并推行了第一个合作教育计划。美国国家合作教育委员会对合作教育定义为："合作教育是一种独特的教育形式，它将课堂学习与在公共或私营机构中的有报酬、有计划的和有监督的工作经历结合起来；它允许学生跨越校园界限，面对现实世界去获得基本的实践技能，增强学生的自信和确定职业方向。"产学合作教育在我国 20 世纪 80 年代后期引入。全国产学研合作教育协会于 1991 年 4 月在上海成立，经 1995 年召开的第二届中国产学合作教育协会会员大会讨论通过，将"产学合作教育"更名为"产学研合作教育"，由此，"产学研合作教育"这一理念在我国开始普及。产学研合作在本书中的定义为：高校、科研院所、企业三方为实现资源互补整合，在社会范围内组织不同的产学研相关的主体进行技术创新活动，达到资源、成果、收益共享，以实现科技成果转化。

三螺旋理论（Triple Helix Theory）是当前产学研研究领域应用较为广泛的理论，由荷兰经济学家洛埃特·劳德斯多夫（Loet Leydesdorff）和美国哥伦比亚大学的亨利·埃茨科维兹（Henry Etzkowitz）共同提出。该理论突破了传统线性模型的分析方法，利用螺旋式创新模式，通过政府在政策、机制、资金上的支持以推动产学研合作，并以市场经济为导向，形成了高校、企业和政府三者以螺旋式共同上升的方式相互影响相互交汇的模式。

随着时代的发展以及科技的进步，三螺旋理论的重要性与独特价值在实践中不断被展现出来。三螺旋理论为推动创新提供切实指导的同时，还提供了有力的理论支撑。政府不断优化创新环境，通过制定具有前瞻性和适应性的政策，吸引更多大学和企业参与到合作中来。机制的完善使得各方权利义务清晰，避免了可能出现的矛盾和冲突，保障了合作的顺利进行。充足的资金支持为更多创新项目的推出注入了强劲动力，使前期有潜力但投入较大的项目得以顺利推进。作为知识和人才的重要策源地，高校一方面积极与企业开展合作，推动技术转化应用，将理论研究与实际应用紧密结合，通过科研活动不断产生新的知识和技术，为企业提供强大的智力支持，企业作为市场的主体，能够敏锐地捕捉市场需求变化，并根据这些变化相应地调整企业的研发和生产策略，且能够充分利用高校的科技成果和人才优势，加快企业的技术创新和产品更新，在促进高校科技成果转化应用的同时帮助企业提升竞争力；另一方面为整个社会的创新体系提供了坚实的人才基础。

（二）产学研协同创新的概念

产学研协同创新是在产学研合作的基础上进一步深化和提升创新主体合作效能的方式。从 20 世纪 80 年代开始，直到协同创新概念正式提出后，我国产业界和高校、科研机构、政府之间的产学研合作不断发展。党的十八届三中全会为产学研合作进一步指明了方向，提出了要建立产学研协同创新机制，并将产学研协同创新写进 2013 年 11 月发布的《中共中央关于全面深化改革若干重大问题的决定》。协同创新的英文是 Collaborative Innovation，在管理上既有协作的含义，也有协同效应的表达。"协同"即广度，"创新"即深度，作为协同创新视角下的产学研的新生事物，其利用三方的优势资源和能力，在政府、科研院所以及金融机构等相关主体的协同支持下，共同进行技术开发的协同创新活动。魏奇锋和顾新还将产学研协同创新过程界定为产学研各创新主体之间的三阶段知识流动过程，据此建立了产学研合作的知识流动 SCA 理论模型。吴悦和顾新从准备、运行、终止三个阶段构建了产学研协同创新的知识协同过程模型，并从四个方面（环境因素、协同意愿、产学研合作模式、知识差异）探讨了产学研合作中知识协同的影响因素，还建立了影响因素作用的框架模型。

（三）产学研创新联盟的概念

产学研联盟是产学研合作发展到一定阶段后形成的一种高级组织形式，在产业关键共性技术需求的基础上，以高校、科研院所、企业为主要构成主体，以推动科学技术创新和科技成果产业化为重要手段。韩馥冰指出，产学研联盟是由企业、高校、科研机构三个创新行为主体共同组成的，在政府、中介机构等相关联合体创造的良好政策环境下，通过知识共享、转移、创新创造等方式实现预期目标，而形成的战略性联盟组织形式。从界定范围看，直接参与产学研联盟研发创新活动的主体是企业、高校和科研院所，发挥辅助和支持作用的主要是政府、财政、中介机构等。产学研联盟是由若干相互联系、相互影响的主体共同参与的社会性系统工程，包括企业、高校、科研院所、政府、金融、中介机构等，参与主体进行政策引导、支持和提供服务。钟海欧等根据产学研联盟发展的特点引入将产学研联盟划分为组建期、成长期、成熟期和衰退消亡期的生命周期理论，提炼出了知识转移的基本模式并展望了产学研联盟知识转移的进一步研究方向。周殷华等认为政府引导的产学研战略合作联盟模式是我国Linux（操作系统内核）企业和产业成功的关键。现有的这些研究并没有明确指出产学研合作战略联盟与产学研的关系，似乎产学研合作战略联盟可以等同于产学研合作体，或者说给产学研合作组织起了一个更学术化的名称。

（四）产学研创新网络的概念

随着产学研联盟的不断发展和演变，其联盟形态逐渐演变为一种网络形态，在不同的产业或地区之间逐步呈现出网络结构的特征。与之相关的创新网络（Innovation Network）概念最早由克里斯托弗·弗里曼在1991年提出，他认为创新网络是服务于主体系统创新的一种基本制度，与一般的合作网络不同，其网络架构的主要联结机制是企业间的创新合作关系。因此，企业、高校和科研院所一起构成了创新网络的主体。

创新网络是技术创新发展到一定阶段的产物，它的产生和发展在激发与运行研发主体创新方面发挥着重要的作用。朱桂龙和彭有福界定了创新网络的概念，认为产学研创新组织是高校、企业和科研院所在自主协商的情况下组成的，全面联合科研开发、生产营销、咨询服务等活动的机构。刘国巍对产学研合作创新网络时间演进的概念进行了阐释，是指随着时间的推移，以递进的不同生命周期阶段为演化刻度，创新网络的多主体合作行为、多资源要素禀赋、协同共生功能等生存状态的方向性变化过程，在某一创新区域内定义了产学研合作创新网络空间的演变，可反映空间集聚特征的网络拓扑结构的演化，如产学研异质类的多主体合作关系联结、小群聚合、核型结构形成等。

综上可见，产学研合作这一重要领域的内涵会随着产学研合作自身的不断发展而呈现出不同视角的阐释。在这个过程中，高校也经历着自身的转变与发展。高校的功能不是局限于科研本身，而是从单纯的科研功能不断地进行转化，逐渐强化为社会服务的功能。在这种从科研到服务的演变历程中，产学研合作也得以不断地深化和拓展，不再仅仅是简单的合作形式，而是融合了更多的元素。正是通过这样的逐步发展和演变，经过长期的积累与沉淀，产学研合作才最终逐步形成了如今被广泛认可和接受的普遍概念。这个概念涵盖了教育、科研、产业等多个方面的紧密结合与互动，成为推动社会进步和经济发展的重要力量，在当今社会中发挥着不可或缺的关键作用。

二、科技成果转化相关概念界定

科技成果转化是实施国家创新驱动发展战略的重要内容，是推进科技进步与产业发展的关键一步，是提高国家综合国力的潜在的一种社会生产力。作为对科技成果转化开展研究的基础，我们有必要先对科技成果转化的定义、范围、分类、形式等相关概念进行分析。

（一）科技成果包含的范围

科技成果，顾名思义，是指通过科技活动（基础研究、实验研究、设计试验与辩证思维活动等）所产生的创造性结果，其具有学术价值或实用价值。科技成果的定义来源于1996年5月发布的《中华人民共和国促进科技成果转化法》，其中第二条规定："本法所称科技成果，是指通过科学研究与技术开发所产生的具有实用价值的成果。"由定义可知，科技成果包括两类：一是科学研究所产生的成果；二是技术开发所产生的成果。由此可知，科技成果的核心内容是科学和技术，科学是自然界的事实、原理、观念和方法等，是人类社会和人自身的规律的知识体系，是创建这一知识体系的社会活动。科学的任务是发现规律—提出理论—认识世界—解释世界，从这一角度来看，科学研究所产生的成果可以被认为是基础理论类的科技成果。技术是人们为了改变自然和社会而采取的所有的物质手段、工具、方法的总和。技术的任务是为了改造世界而发展或发展出新的方法、手段、措施或途径，并以科学理论为指导。由此可知，技术开发所产生的成果可以被认为是应用类型的科技成果。本文研究的科技成果，是指高校的科技工作者通过开展一系列的科技创新活动所取得的社会科学、自然科学，以及社会科学交叉科学领域里的相关科技成果。

（二）科技成果的基本分类

为了更进一步地了解科技成果转移转化，首先需了解可以转移转化的科技成果的分类，一般包括三类，即基础理论成果、应用技术成果与软科学成果。本书从科研活动类型、成果价值属性、项目不同阶段、成果取得时间、法律保护情况对科技成果进行分类。具体内容见表2。

表2　科技成果的基本分类梳理列表

基本分类	具体分类	分类解析
科研活动类型分类	基础理论成果	在基础研究和应用研究领域取得的新发现、新学说，主要表现形式为科学论文、科学著作、原理性型等
	应用技术成果	在科学研究、技术开发和应用中取得的新技术、新工艺、新材料、新产品等
	软科学成果	指对科技发展战略、科技计划、科技政策、科技管理等研究所取得的理论、方法和观点，其主要形式是研究报告
成果价值属性分类	物质成果	物质成果是指能够带来社会经济效益、增加社会经济财富的成果
	精神成果	精神成果是指能够促进教育、科学、文化发展的成果
	管理成果	管理成果是指能够提高组织运转和资源配置效率的成果

（续表）

基本分类	具体分类	分类解析
项目不同阶段分类	阶段性成果	阶段性成果是指科技项目在研究开发过程中取得的，没有经过实践验证或其他形式验证是否成熟的成果
	最终成果	最终成果是指科技项目完成以后取得的，经过实践验证、市场检验或专家鉴定的成果
成果取得时间分类	积存成果	积存成果是人们已经取得的，通过教育、科普等途径学习、交流、传播，成为人们知识能力的重要部分，也是人们进行研究开发活动的技术基础，是已经不再受法律保护的成果
	知识产权成果	知识产权成果是当前取得的，仍受法律保护的成果
	将来的成果	将来的成果是指目前还不存在，通过科技项目立项，经研发将来可以取得的科技成果
法律保护情况分类	受法律保护的成果	受法律保护的成果被称为知识产权成果，是指依法受到国家法律法规保护的成果，包括经申请取得知识产权的成果和一经产生就得到法律法规保护的成果
	不受法律保护的公共成果	法律保护是有期限的，期满后就不再受法律保护，而成为社会公共成果，人人均可免费使用

注：上表根据肖克峰、阮航的《科技成果转化理论与实务》相关内容整理。

（三）科技成果的表现形式

科技成果可以是一种知识技术，也可以是一种设备或软件等，其属性具有有财产权和无财产权两种特征，它反映的是科技活动的创造性成果。科研人员为了便于人们感知、学习、交流、使用等，其科技成果可通过以下多种形式或媒介表现出来。

1.科技论文

科技论文乃是以科学研究或实验所取得的成果为基础，针对自然科学与专业技术领域中的现象及问题展开专题研究后所撰写的学术论文。科技论文一经发表便取得了著作权，其内容是将已提出的科学见解予以论证、分析并上升为科学理论，该过程是在基于试验观察或其他途径所获结果的前提下，进行分析、归纳，最终撰写而成。依据内容与目的的不同，科技论文的类型包含：其一，按照作者的学位级别划分的学位论文（学士论文、硕士论文、博士论文）。其二，证实论题真实性的论证型学术论文。其三，借助事实和证据支撑论点的实证型学术论文。其四，对特定主题或领域的现有文献进行归纳分析的综述型学术论文。其五，在归纳总结特定主题的基础上发表评论意见的述评型学术论文。其六，用于解决特定的工程或技术问题的设计计算型论文。其七，侧重于科学理论的发展与分析的理论推导分析型论文。

2. 科技专著

专著指的是一类专门介绍某一学科或问题的书籍，是科技成果的一种重要呈现载体，能够对科技知识进行系统性呈现，进而对科技知识进行有效传承与传播，是科技信息传播的重要媒介。科技专著以图书形式由出版社出版。科技专著根据其内容和出版时间等不同方面的分类标准，可将专著划分为以下几种类型：其一，系统全面地介绍某一领域或学科的综述性专著。其二，通过科学方法对某一问题或现象进行研究并提出了新的理论或发现的研究性专著。其三，为教育教学而编写的教材性专著。其四，为读者提供参考和查询资料而编写的参考性专著。其五，对某一特定问题或现象进行深入剖析和研究的专题性专著。

3. 科技报告

这类报告是指依照国家科技报告的编写规则而形成的科技文献，其能够详尽地记载科技项目研究的整个过程。依据科技报告所反映的研究阶段，大致可分为两大类：其一为记载研究过程的报告，涵盖了预备报告，对研究前期的准备工作予以详细记录；现状报告，主要呈现研究对象的当前实际状态；中间报告，着重于研究进程中间阶段的情况阐述；进展报告，突出研究的推进程度与进展信息；非正式报告，包含一些较为灵活的研究内容及情况等多种报告类型。其二为记载研究工作结束时的报告，涵盖了试验结果报告，全面记录了试验得出的具体成果；总结报告，对整个研究工作进行系统性的总结归纳；终结报告，标志着研究的最终完成状态；竣工报告，常见于工程项目研究结束时；正式报告，具有权威性和规范性；公开报告，强调其面向公众公开的特性等报告类型。

4. 音像形式

这种形式是借助诸如光电、电子计算机设备等先进技术手段来记录以及再现声音、图像、数据等各类信息资料。例如，将科技成果通过拍摄制作成电影，或者以数字动漫的独特形式来进行展示。采用这种形式具有明显优势，其表现较为直观，能够让人们更易理解其中所蕴含的科技内容。此外，这类以音像形式呈现的科技成果一旦正式发表便获得相应的著作权。这也是对其知识产权的一种有力保护，确保了科技成果创造者的权益。

5. 申请知识产权，获取法律法规的保护

知识产权类型主要包含两大类：著作权（版权、文学产权）和工业产权（产业产权）。知识产权按内容可以划分为专利权、商标权、版权（著作权）、集成电路布图设计专有权、植物新品种权等。

6. 科技信息

由专业技术人员在较为零散且不系统的第一手数据中，通过深入研究和分析，建立的一种科学合理的联系，其具有严谨科学性的特征。

此外，还包括其他一些特定形式所展现的科技成果。例如，设计图纸形式，能详细地勾画出科技成果的结构布局；模型形式，能生动直观地呈现科技成果的大致模样；流程图形式，能清晰表明其内在流程等。另外，新产品、新设备、新工具等这些实物形态也是呈现科技成果的重要形式，它们切实地将科技成果转化为可感知的实际存在，让人们能直接地接触和了解科技成果。

（四）科技成果转化的分析

《中华人民共和国促进科技成果转化法》将科技成果转化定义为"指为提高生产力水平而对科技成果所进行的后续试验、开发、应用、推广直至形成新产品、新工艺、新材料、发展新产业等活动"。时任中国工程院常务副院长朱高峰院士认为，科技成果转化是在计划经济体制长期作用下形成的，是我国特有的一种现象，其实质就是技术创新或企业创新。科技成果转化从广义上讲是指一定时代的科技实践主体基于当时的科学知识和技术能力，为了发展科学、创新技术和生产，在科学、技术、经济、社会的互动发展且其一体化的实践活动中所实现的科技成果内容与形式不断变化的全部总和，包括科学、技术、生产各个阶段以及基础研究、应用研究、开发研究、社会生产各个环节中的一切变化和转化。

高校科技成果转化是以社会需求为导向的为社会服务的知识与技术转移的过程。包括具有经济价值的自然科技成果转化、具有社会价值的社会科技成果转化、具有人文价值的文化科技成果转化，其转化的目的是将科技成果转化为现实生产力，以推动国家科技事业发展。从字面上理解，科技成果转化包括应用技术成果的流动和演化过程——科技成果的"转"和"化"。"转"主要描述科研院所、高校等供体在政府和服务机构的作用下向企业流动科技成果的过程；"化"主要描述在供体内部进行科技成果深度再开发和应用的过程，具体包括伴随技术扩散和技术创新的小试、中试、产品化、商品化、产业化等多个阶段。简言之，"转"主要是描述科技成果所有权和使用权的转移，伴随着空间位置的变化；"化"主要是描述科技成果不断具体化、产品化、商品化和产业化的过程，发生着"质"的变化。高校科技成果转化以创新型国家需要和社会需求为前提，是一个具有多元性、实用性、新颖性、先进性、不确定性的活动过程，是一个高风险、高回报的活动，是建设创新型国家的迫切需要。

相对于"科技成果转化"，"技术转移"这个术语实际上是一个舶来品，是在技术扩散理论和技术传播理论的基础上发展而来的。方华梁指出20世纪80年代的一些学者出于借鉴国外研究方法和研究成果的需要，在对国外相关文献进行研究后将该词引入国内，并将"technology transfer"翻译成"技术转移"。美国大学技术经理人协会认为大学技术转移是将来自大学的科学发现、专有知识和技术转移到以技术商业化开发为目的的企业部门的过程。技术转移一般被认为是承载着某种技术的知识转移和扩散的过程。这既包含创新链条上的转移，即某种研发成果从研发部门向实际应用部门的转移，也包含空间上的转移，如在国家、地区间产生的转移。技术转移是一个复杂过程，需要技术自身经过一些阶段和环节的发展才能实现转移。

第三节 产学研合作与科技成果转化要素分析

一、产学研与科技成果转化主体

（一）成果转化主体之高校、科研院所

高校、科研院所是科技成果的转让方和供给方，是开展科学研究的主要场所，是积累科技成果转化经验的摇篮，高校、科研院所不仅为实现科技成果转化的体系化效益打下了技术基础，也培养了一大批科学技术人员。自我国被卷入经济全球化以来，对整个科技成果转化体系能否实现效益的关注越来越多，而整个科技成果转化体系能否实现效益的关键就在于高校、科研院所能否研发出有价值的科技成果，经济利益的实现不仅使科技成果本身实现了价值，而且在一定程度上具有现实意义。科技成果供给方在科技成果转化体系的运行过程中扮演了重要角色。①高校和科研院所是高新技术人才荟萃之地，为实现科技成果转化体系的效益奠定了人才基础，提供了不同类型的科技成果转化体系研发人才。②具有丰富的科技研发经验，使两者成为科技成果转化体系中的主要研发阵地，是科技成果探索、研发和转化的关键所在。③高校和科研院所作为科技成果的研发中心，科技创

新优势更大，且具有筛选评价功能，是科技成果转化体系能否成功实现效益的主要原因。

科研院所是产学研和科技成果转化的三大主体之一，也是供给方，它包含了高校研究机构、国家级科研机构、民间非营利性科研机构等，是国家科学知识与技术创新的源头和基地。它是以满足经济建设和社会发展过程中科技进步的需要为主要任务的科研院所，能够实现对科学知识、科学原理和规律的探索，也是将科学技术转化为现实生产力的桥梁和纽带，能够实现知识传播，培养人才及开发新技术、新产品是科研院所的主要职能。

（二）成果转化主体之企业

企业是科技成果转化活动的需求方。企业与生产高新技术产品的科技成果供给方密切联系，以提高科技产品的效益。企业作为科技成果转化体系中的引导者，主要有以下几个方面作用：

①传达和转化的作用。在整个科技成果转化体系中，需要科技成果需求方首先向管理服务机构传递自己的科技需求，然后服务机构根据企业提供的信息，筛选出符合要求的供给方，开展研发活动。当科技成果供给方研发出科技成果后，需要企业完成科技成果向现实生产力的转化。②连接和促进的作用。企业是连接创新成果与市场的桥梁，是影响整个国家创新能力和经济实力的主体，这就决定了企业必然要在创新过程中主动承担风险，而政府也应该针对企业这一创新主体制定促进和引导其顺利开展创新

活动的相关政策。③主导和引领的作用。因为企业具有贴近市场、了解市场需求的优势，所以能够更准确地把握市场需求，进而有利于企业在产学研结合中正确把握研发方向，快速整合科技资源，为提高产学研结合的成功率和效益提供有益帮助。

（三）成果转化主体之政府

政府是促进科技成果转化的调控系统，通过制定相应的政策法规、推进计划、组建相关监管机构等方式，调控科技成果供给方、需求方和中介的关系，进而推动科技成果转化。《中华人民共和国促进科技成果转化法》第八条规定："国务院科学技术行政部门、经济综合管理部门和其他有关行政部门依照国务院规定的职责，管理、指导和协调科技成果转化工作。地方各级人民政府负责管理、指导和协调本行政区域内的科技成果转化工作。"从这一点可以看出，对科技成果转化的管理、指导和协调是各级政府的主要职责。政府帮助科技成果转化的各个要素在转化链条上发展起来，而不是替代这些要素。

一是制定引导和支持产学研合作发展的科研规划。企业、高校、政府部门三者紧密结合、协同发展，以实现科技成果向全方位转化。二是政府可制定为产学研合作与科技成果转化发展提供调控和保障的政策法规。例如，《中华人民共和国科学技术进步法》《中华人民共和国农业技术推广法》《中华人民共和国促进科技成果转化法》等，为产学研合作与科技成果转化营造良好的法治环境。三是作为政府部门在产学研合作"三重螺旋"

式的发展中，为产学研合作各方搭建信息沟通、技术支持、科技信息平台，由政府牵头，成立组织管理协调机构。四是完善促进产学研合作健康发展的社会化服务体系。在政府部门内部成立产学研合作指导中心，以健全中介服务机构，组织和促进产学研合作项目的实际实施。五是设立专项资金，拨出专项资金，对产学研合作给予支持。政府可以通过降低企业技术创新的风险，增加企业参与创新的动力。

二、产学研与科技成果转化辅助

（一）科技成果转化辅助中介

科技成果转化的辅助之一——科技中介，其利用自身的资源优势，在科技成果转化的过程中有效地连接供需双方，以促进科技成果转化。科技中介机构是国家创新体系的重要组成部分，是为社会提供成果转化、技术评估、资源配置、信用担保、管理决策等专业服务的机构。孙立梅认为科技中介机构是为创新主体提供相应的社会化、专业化支撑和促进研发创新活动的机构，包括企业孵化器、生产力中心、技术开发中心、信息咨询评估与论证、技术市场平台以及与知识产权保护相关的法律服务中心等。

科技中介机构的职能大体可分为三大类：一是直接参与其服务对象的科技转化过程的机构，包括工程技术中心、生产力促进研究中心、创业服务中心等。二是为服务的创新主体提供咨询服务的机构，如情报信息中心、科技评估中心、科技招标代理机构、知识产权事务中心等机构。三是为配置和有效流动科技资源提供服务的机构，这些机构包括科技中介市场、人才中介市场、技术产权交易机构等。科技中介机构活跃于技术需求者和持有者之间，通过开展技术搜寻、评估和传播促进创新体系内主体要素之间的互动，从而形成有效联系，促进高校、科研院所和企业之间的技术流动。科技中介机构是推动科技成果商业化和技术创新的重要工具，在国家和区域创新体系中扮演着重要的角色。

（二）科技成果转化辅助机构

科技成果转化的辅助之一——金融机构，其对产学研联盟研发创新活动的辅助支持主要体现在两方面：一是金融机构将推出一系列优惠措施，包括便利的贷款服务，以及为参与产学研联盟的企业提供较低的贷款利率。通过这种方式，企业可以更容易地获得所需资金，从而为研发创新活动的顺利进行提供保障，这一优惠政策在减轻企业财务压力的同时，也创造了更加有利的条件，促进企业创新发展。二是金融机构可以为产学研联盟的研发创新活动提供融资、风险管理等全方位支持，包括股权融资、开展科技信贷业务等。金融机构在股权融资方面。可以为企业吸引更多投资、推动企业快速发展提供更广阔的资金来源渠道，并为企业提供针对性更强、更符合科技研发需求的资金支持方案，为企业提供资金支持。

三、产学研与科技成果转化动因

加速科技与经济融合是产学研合作创新的内在动因，也是产学研结合道路的选择。以促进技术创新要素融合为特征，以开发和应用新技术、新工艺、新市场等新理念为手段，以获取最大经济效益为前提，以推动科技成果转化为现实生产力为最终目的，以提高国际竞争力为根本目的。因此，产学研合作动因是一个非常复杂的系统。具体地说，可以分为两个方面：一是内部动因，二是外部动因。

（一）产学研合作的内部动因

促进产学研与科技成果转化的内部动因包括以下几个方面：

第一，经济利益是产学研主体共同追求的目标，高利益驱动其长久合作。产学研各个主体在当前充满竞争的市场经济社会中，对高利益的要求促使他们在协作创新的合作过程中不断前进和发展。

第二，对产学研与科技生产关系、本质的探究也是产学研主体寻求自身发展的主要动力。当前高校存在体制不健全、科研院所科技成果转化率不高等问题，对于高校来说，为了培养适应现代社会发展的创业型人才，他们希望借助企业便利的设施和环境为学生提供实习和充分锻炼的机会，而企业也可以利用这个机会，树立自己良好的企业形象和文化形象，从而获得高校科技人才的补充；对于科研院所来说，要想获得高质量科技成果的科研奖励和技术成果的转移，可以通过与企业合作来实现自身的科研价值和社会价值，同时解决自身的资金短缺问题。

第三，现代科技和市场需求的发展对产学研与科技成果转化的时代要求。科学技术的高速发展使得基础研究与应用开发日益紧密，科技与生产之间的界限日益模糊，并呈现高度集成、高端精细、高度交叉的特征。这就使得单一的组织或单位难以达成发展目标，迫使各方开始自发地寻求合作伙伴，打破原有的科技、研发和生产之间的界限，通过合作来适应科技和市场需求的发展趋势。

（二）产学研合作的外部动因

外部因素一般是指除合作主体自身之外的社会、环境、制度等因素，主要的外部因素包括政府的政策环境、市场环境、社会的技术环境和知识经济环境等。

第一，政策环境因素。科研政策是政府为了保证科技发展所制定的有关措施及相应的法律法规。改革开放后，国家开始探索科技成果转化之路，党中央把科技创新和实现高水平科技自立自强摆在国家发展全局的核心位置。为了促使社会相关主体积极参与产学研合作创新进程，为产学研合作提供良好的外部环境，自20世纪80年代以来，党和政府出台了一系列旨在促使和保证科技工作顺利进行的政策与法规，对科技工作的开展起到了积极有效的作用。例如，支持科技人员兴办民营科技企业、试探性地允许科技人员兼职、改革应用开发类国家科研机构并促其走向市场、试行技术有偿转让、探索推动科技成果转化的技术市场要素等，逐步形成了有法可依的科技成果转化政策体系。

第二，市场环境因素。在产学研合作创新活动的开展过程中，在外部环境合作发展趋势的推动下，产学研合作创新趋于稳定发展的状态。产学研合作最直接的外部动因来自市场需求，企业通过市场信息反馈获得市场对某种产品潜在的需求，从而产生经济效益和双向互动效应。良好的市场环境有助于形成产业集群和创新生态。产学研各方主体在市场环境中相互协作、相互促进，吸引更多相关主体聚集，形成产业发展的良好生态，促进区域经济的繁荣。为了在市场立足并保持优势，企业需要不断创新，而与高校和科研院所合作就成为其获取新技术、新思维的重要途径。市场的动态变化促使企业积极寻求外部智力支持，并推动产学研合作的开展。

消费者对产品和服务质量的高要求也迫使企业必须通过产学研合作来提升品质。高校和科研院所能够为企业提供更先进的研发理念和技术手段，帮助企业更好地满足消费者期望，从而赢得市场份额。

第三，经济环境因素。市场需求和经济效益是科技成果向生产力转化的主要推动力，以市场为导向获取效益是科技成果向新产品转化的出发点。知识经济是指将知识视为资本，并以知识的产生、传播和应用为直接驱动力，利用这一资本推动经济发展。作为以知识和信息为核心的经济形式，知识经济创新程度高，知识密集度高，对环境资源的冲击不可忽视。知识经济以生产、分配、使用知识和信息为主要投入要素，人力资本在整个经济体系中居于核心地位。知识经济是指通过知识的创造、传播和运用，把人的智力、创造力和创新能力作为推动经济发展的生产要素，以知识为核心的经济体系。知识经济的兴起让科技进步成为现实。

第四，技术环境因素。中国的科学技术在最近几年得到了长足的发展，在全球范围内已经成为一支重要的科技创新力量。为提升我国科技创新能力，我国将与国际科技创新组织加强合作，加强对科技创新工作的管理，确保科技创新工作有效开展。现今，我国的科技成果不断涌现，从基础研究领域的新发现到应用技术层面的新突破，涵盖了众多学科和行业。这些丰富而多样的科技成果不仅彰显了我国科研人员的智慧与努力，更是我国科技实力不断提升的有力证明，展现出我国科技创新的强大竞争力。这些积极的表现为中国科技创新的持续发展提供了极为有利的条件。

第四节　产学研合作与科技成果转化关系分析

一、产学研合作是科技成果转化途径

产学研合作是科技成果转化的重要途径，通过高校、企业和科研院所之间的合作能够实现资源共享和优势互补。产学研合作是科技成果转化的有效形式，在建立社会主义市场经济体制的过程中，产学研联合可以建立大中型企业与高校、科研院所之间密切而稳定的合作制度，逐步形成产学研共同发展的运行机制，以加快科技成果商品化、产业化，使产学研合作发展成为科技和经济密切结合的发展方式。高校和科研院所拥有丰富的科研资源与创新能力，企业则具备市场洞察力和产业化能力，合作则促进了知识和技术的流动，加速了成果从研发向应用的转化。高校和科研院所虽然在知识与技术上有相对优势，但缺乏对市场的把握能力，也缺乏对技术的商业化运作能力。企业更贴近市场，更了解并能更准确地把握客户对当前和未来技术的需求。通过产学研合作，在一定程度上可以助力信息、知识等隐形资源在不同主体间进行有效传播和共享，资源共享也就成为学科与行业间优势互补的有效推动力，对于学科与行业的协同发展具有重大意义。

二、科技成果转化推动产学研合作的发展

科技成果转化通过促进产业升级、提升高校科研水平、优化研究机构资源配置、激发创新活力等有力地推动产学研协同发展与进步。成果转化的需求促使围绕成果的应用不断探索和创新合作模式，并为产学研合作提供了明确的目标和方向，使合作更加具有针对性和实效性。科技成果转化激励高校更加积极地开展科研活动，促使科研人员不断探索创新，以产生更多具有应用价值的成果，这直接提升了高校的科研实力和创新水平，为高校提供了强大的发展动力。科技成果转化有助于高校培养创新型人才，学生参与成果转化过程，能接触到实际的科研项目和产业化流程，从而提升实践能力和解决问题的能力，这对他们未来的职业发展大有裨益。科技成果转化在高校产学研中发挥着关键的推动作用，使高校在科技创新、人才培养和社会服务等方面不断取得进步，为经济社会的发展做出极大的贡献。

三、产学研合作是科技成果转化推力

在产学研合作的协同作用下，科技成果能够更加高效地从实验室走向市场，并转化为现实生产力，推动经济的发展和社会的进步。产学研的紧密结合是科技成果成功转化的有力保障和强大推动力。产学研合作涉及科技、经济、社会等多方面因素，可以攻克产业技术难题，促进科技成果转化，

形成具有自主知识产权的产品和技术，并通过深化科技体制改革，进一步促进科技与经济的密切结合，是促进生产力发展的有效机制和组织形式。高校、企业、科研院所等通过产学研合作，发挥各自的优势和实力，实现"1+1＞2"的效果，有效规避和减少了科技成果转化过程中可能遇到的风险，实现了科技成果在基础研发阶段、应用研究阶段、商品化和产业化阶段的有效衔接和分阶段的顺利转化。

四、产学研合作与科技成果转化相互促进

产学研合作与科技成果转化相互作用，共同营造出良好的创新生态环境。在这个环境中，知识、技术、人才、资金等要素充分流动和融合，不断催生出新的科技成果，并实现高效转化，进而推动整个科技和产业的进步与发展。在产学研合作中，各方共同参与科技成果的研发、推广和应用，降低了科技成果转化的风险和成本。同时，合作过程中的交流与互动能够不断激发新的创意和想法，为持续产生高质量的科技成果奠定基础。随着产学研合作的深入进行，高校将进一步提升科研实力，培养出更多适应时代需求的创新型人才。科研院所的研发成果将更具市场导向性，加速技术更新迭代。企业也将在科技成果的助力下，不断提升竞争力，实现产业升级。总之，产学研合作与科技成果转化相互促进、相辅相成，共同推动科技创新和经济社会的发展。

第二章 产学研与科技成果转化发展现状分析——以怀化学院为例

本章涵盖了地方高校与区域创新发展的关系、区域性地方高校特色的发展、民族地区地方高校的发展、产学研合作与科技成果转化发展（以怀化学院美术与设计艺术学院为例）等几方面内容。本章，对怀化学院的发展定位以及产学研合作特点形成的缘由进行了剖析，归纳了怀化学院产学研合作以本土为根基、以资源为依托的实践经验，且以服务地方经济发展为目标，其众多科技成果对于区域产业经济结构的优化以及产业发展具备关键的指导意义，也为探寻适合大湘西地区产学研合作与科技成果转化高质量发展的策略及路径构建奠定了理论与实践基石。

第一节 地方高校与区域经济文化发展的关系

如何让地方高校融入区域经济社会发展，促进区域创新体系建设是地方高校产学研与科技成果转化需要重点关注和解决的一个现实问题。地方高校开展产学研深度合作，不仅可以推动区域经济、社会、文化的繁荣与发展，而且可以赢得更广泛的支持，为自身的生存与发展争取更广阔的空间。现简要分析地方高校与区域经济及区域社会、文化发展之间的关系以及体制相关性机制障碍，以便更好地理解大湘西怀化地方高校产学研与科技成果转化的现状及其成因。

一、地方高校与区域社会经济的关系

首先，高校为地方经济社会发展提供智力支持。发展地方经济要以人才为主要动力，地方高校为地方经济发展提供了强大的人才储备。地方高校通过不断优化人才培养机制、科技创新、产业服务、产学研合作等方面为地方经济发展提供了强有力的支撑。同时，地方经济发展也为地方高校在创意和技术创新方面提供了广阔的空间。各地高校在发挥服务经济的作用时，还促进学科优势和特色优势转化为经济竞争优势，积极推进科技基础研究，促进产业升级，不断扩大办学层次和领域。地方高校探索创新型人才的培养模式，加强实践教学环节，发掘更多的优秀人才，依托本地区经济发展条件，为地方经济发展保驾护航。此外，高校是生产知识的"工厂"，能够将一般性知识转化为本地适用的知识，其相关研究成果围绕本地经济发展的内容，其知识产品的生产和知识服务也成为高校促进当地经济发展的重要内容。

其次，地方高校为中小微企业提供复合型人才。中小微企业是地方经济的重要组成部分，也是地方高校的主要服务对象。地方高校为中小微企业提供的服务包括科技创新支持、金融投融资咨询、法律及抵押物等方面的支持。地方高校能够为企业提供人才支持和实习生培训，帮助中小微企业打破人才瓶颈，提升就业质量。地方高校还能通过调整专业方向和课程设置，为就业市场提供复合型人才，同时为本地中小微企业输送有用人才，从而带动区域社会成员素质的整体提升。现今，全球的发展方式面临一个重大的转变期，这正是地方高校推动地方经济与社会发展的机遇期，积极发展高校各方面的功能对推进和催化经济与社会发展方式的转变有着重要的作用。

再次，地方高校为区域经济的发展构建服务机制。地方高校服务地方经济社会发展，并与地方经济相互扶持，这需要机制的保障。一是地方高校服务地方经济社会发展要纳入战略规划。服务地方经济的发展是地方高校的重要职能，是长久的事业，必须将其纳入战略规划。要把服务地方经济和社会发展与教学、学科建设结合起来，使之相互渗透、相互融合，从而不断拓宽地方高校的服务空间，不断提升地方高校的服务水平。二是地方高校要制定服务地方经济和社会发展的相关政策与规定，其人才培养以及科学研究要适应地方经济和社会发展的要求。要将地方高校的服务地方经济与社会发展、科学发展结合起来，让地方高校各部门和老师有明确的社会服务方向与科学研究发展道路，可以获得相关的政策支持，获得事业上的成就感和正当的经济利益。各地高校通过产学研合作，促进科技成果转化。地方高校在产学研合作方面的组织协调能力和资源整合能力较强，能够为企业提供行业技术服务、政策咨询、市场预测等方面的支持，促进科技创新成果的商品化。

最后，地方高校推动科技创新，助力地方产业升级。地方高校在科技创新方面具有较强的科研力量，从基础科学研究到应用技术研发等各个环节不断进行科技创新探索，以提升科技水平，不断推进产业创新，以推动地方产业升级。地方高校以学科方向建设、科学研究团队建设、创新创业建设为主要内容，积极发挥科技人员的职能作用，深入探索实践应用，打破学科领域界限，加强跨学科研究，搭建前沿技术研究平台，在为地方经济发展提供科技支撑的同时，也使当地的产业特色得以彰显。地方高校与社会各界合作能够提高地方综合发展水平。地方高校需要与社会各界合作，发挥高等教育的综合作用，不断为社会发展提供全方位服务。地方高校通过与社会各界的合作，可以引领社会风气，带动社会各行业的发展，提高地方综合发展水平。地方高校与社会各界的合作包括很多方面，如科技成果转化、人才培养、社会服务、文化活动等。地方高校可以依托自身的优势，开展社区服务、公益活动等，为地方社会作出贡献。地方高校还能依托优势特色学科和创新成果，为地方宣传推广、文化交流等方面提供有力支持。各地高校与地方企业打破了产学研合作中学科固化的桎梏，创新推出了加强企业和高校深度交流与合作、推动产业创新与科技成果转化等合作形式，如"产学研深度融合""院士工作站"等，为地方经济发展提供了不可替代的优质服务。

二、地方高校与区域社会文化的关系

《国家中长期教育改革和发展规划纲要（2010—2020年）》提到："积极推进文化传播，弘扬优秀传统文化，发展先进文化。积极参与决策咨询，主动开展前瞻性、对策性研究，充分发挥智囊团、思想库作用。"[①] 着重强

---

① 国家中长期教育改革和发展规划纲要（2010—2020年）[EB/OL].（2010-07-29）. http://www.moe.gov.cn/srcsite/A01/s7048/201007/t20100729_171904.html.

调了高校的文化传承职能。地方高校除了人才培养、科学研究和社会服务三个基本职能外，对区域文化的引领作用也非常明显。地方高校通过人才培养和科学研究、科技成果培育等方式，对区域社会文化的发展产生了强大的辐射力和影响力。

地方高校引领区域文化的基本功能有：①大学是其文化高度的基本水准之一，它既是社会的思想宝库，也是区域文化的发展中心。地方高校在传承创新、辐射区域文化方面扮演了重要角色。地方高校在长期的办学过程中不断汲取地域文化的精华，使之与高校文化有机融合，进而形成具有主导性的文化体系，推动地方高校文化创新机制的建立和发展，其中既有高校文化的主体，又有地域文化的精华，覆盖整个地域。②地方高校在促进地区文化发展方面作出了重大贡献。作为地方高校的教职员工，从理论和实践两个层面来看，他们本身就是区域发展中精神文明和物质文明的创造者，他们将高校生产的新知识、新理论、新思想、新技术源源不断地向整个区域输出，为区域文化发展作出了贡献。地方高校引领区域经济全面发展，为文化产品的生产与管理创造了良好、协调的社会环境、人文环境和自然环境，促进民主法治建设。③地方高校在构建区域和谐社会建设中具有突出的引领效应。地方高校作为区域人才、知识文化高地，在塑造区域社会科学人文精神的同时，还以其内涵奠定了构建区域和谐社会的文化基础，增强了创新活力并带动了创新精神的养成。地方高校培养了人们求真务实、探求知识、崇尚真理、勇于创新的思想境界，促进了区域和谐社会建设的不断深化。

第二节　发展区域性地方高校特色——以怀化学院为例

怀化学院地处素有"滇黔门户、全楚咽喉"之称的全国交通枢纽城市——怀化市。怀化市是"世界杂交水稻"的起源地，亦是汉、侗、苗、瑶等 51 个民族的聚居地，还是无产阶级革命家粟裕、向警予、滕代远的故乡，又是红军长征转兵地与抗战胜利"最后一战"的纪念地。近些年来，怀化市委、市政府的各个部门确立了"一个中心、四个怀化"以及"一极两带"的发展战略。其中"一个中心、四个怀化"指的是要将怀化打造成生态、法治、智慧、幸福的五省边区生态中心城市；"一极两带"则是以沪昆高铁经济带和张吉怀精品生态文化旅游经济带为载体，从而辐射大西南，并对接成渝城市群的新增长极。在区域发展战略中，怀化学院准确地找到了自身的定位，紧紧围绕怀化独有的文化资源与自然资源，开展了针对怀化的科学研究以及服务地方、文化传承等相关工作，并确立了建设区域性高水平应用型大学的办学目标，始终坚持以服务地方社会经济发展为导向，以内涵发展、特色发展、人才培养目标以及人才培养选择为途径，着重突出地方性、应用性、民族性的办学特色。

一、建设区域性高水平应用型大学

"建设区域性高水平应用型大学"是怀化学院确立的办学目标，其"区域性"的特色意味着怀化学院在人才培养方面要扎根怀化，并面向湖南以及武陵山片区。《怀化学院章程》提及：地方高校是在特定的区域背景之下开展其职能活动的，区域内涵盖了历经较长时间发展而形成的知识创新、技术创新、制度创新等行为，也形成了一定的系统与文化等。区域内经济积累的特征体现在现有的经济结构、经济实力、基础设施建设等方面，区域内文化积淀指的是具有地域特色的思维和行为模式，是人类共同积累的科学文化知识；区域内制度积累指的是政策、法律法规、道德规范、准则规范等方面的积累。只有区域活动在活动主体与区域环境各要素更为协调且紧密地相互联系、相互影响的循环反馈过程中，区域创新体系才能够焕发出更为强大的活力。湘西地区的大学大多属于民族地区大学，其独特的地理位置以及隶属关系在教育、科技、文化等方面决定了其具备区域性地方高校的特色，具有较强的针对性和时效性，能够服务于本地区的经济与社会，其与资源的开发利用、人文素质的提升以及地方经济、本土产业有着天然的联系，在产学研合作中更易于实现对接，为中西部社会的进步等提供了可能性。产学研相结合的模式无疑成为高校与区域社会在民族地区实现互惠互利、合作共赢的最优途径。时间与空间上的便利性使得"民族地区投资""服务地方"的民族地区高校在产学研合作中具备了得天独厚的优势。

怀化学院紧密围绕区域重大发展战略，结合区域内的资源地理、经济社会等条件以及区域外的发展环境与机遇，全力助推区域的快速发展，并对科研平台进行布局。截至 2022 年，怀化学院总计签订地方服务项目 231 个，合同金额达 5600 万元，为建设现代化新怀化提供了强大动力。怀化学院扎根民族地区开展办学，以服务社会为自身职责，提供优质服务，助力民族地区的高质量发展，推动社会服务全面绽放光彩。近年来，怀化学院通过强化协同创新、搭建科创平台、深化产学研融合，始终坚持"四个服务"，紧密契合区域需求，充分彰显出一所区域性应用型高校的实力与担当。

二、发展区域性地方高校的具体举措

怀化学院在发展区域性地方高校具体举措方面，无论是科学研究还是人才培养，都以实用性为指导原则，其应用性特色主要体现在人才培养、科学研究、区域服务等方面。

（一）怀化学院人才培养方面

1.教育教学基本情况

怀化学院紧密围绕地方需求进行专业建设以及应用人才的培养。该校拥有 1 个国家级特色专业、1 个国家级综合改革试点专业、2 门国家级一流课程、5 个国家级一流本科专业建设点、1 个省级重点专业、7 个省级特色专业、4 个省级综合改革试点专业、28 个省级一流本科专业建设点、3 个省级教学团队、3 个省级科技创新团队、61 门省级一流课程。该校构建了协同育人的有效运作机制，具体表现为：制定并推行"制药工程"等 17 个试点专业的本科人才培养方案，针对协同制定人才培养方案的运作机制展开探索；投入 4000 万元协同共建大唐移动通信实验室等 16 个实验（实训）室，对协同共建实验（实训）室的运作机制加以探索；签署 100 多份合作协议，共同建设中欧国家工业机器人职业技能培训基地等 100 个实践教学基地，对协同共建实践教学基地与创业就业平台的运作机制予以探索；开办软件工程师班等 20 个订单班和行业学院，对协同实施应用型人才培养过程以及质量评价的运作机制进行探索；培养认定 192 名"双师双能型"教师，对协同建设"双师双能型"教学团队的运作机制展开探索，等等。

作为地方高校的怀化学院明确应用型大学的功能定位与价值追求，也就是将培养生产服务一线应用型人才作为首要任务。在人才培养方面，怀化学院组织学生开展社会实践活动、完善毕业设计环节等，重视开设实用型专业实践课程、加强实训实习和工程训练，注重学生动手能力的培养，在理论知识向实践转化的过程中，提升学生的应用能力。怀化学院与地方及企业合作构建科技创新或实验教学基地，这既改进了学校的教育教学条件，又拓展了学生实习实训的范畴。企业对于人才的特殊需求也促使学校转变育人观念，大力推动应用型人才的培养。一些大型企业还相继在怀化学院设立了专项奖（助）学金，并选拔优秀学生到企业工作。在服务区域经济发展的实践进程中，怀化学院持续深化教育教学改革，推进人才培养模式的创新。

2. 理论教学与实践教学相结合

怀化学院高度重视产学研教育中教书育人与实践生产的有效融合，同时突出实践教学这一环节。其一，培养学生主动探索与主动学习的能力。怀化学院通过积极调动学生参与专业竞赛的热情，为学生自主学习提供了充裕的时间和空间，学生能够在各开放式实验室开展实训操作、实验以及技能训练等活动，培养了学生的创造性实践能力。近年来怀化学院在各类竞赛中均取得了较为优异的成绩。其二，实现工程项目与企业成功经验的有机结合、教师与工程技术人员的紧密结合、教学与科研的深度结合。其三，借助校企合作承接企业项目，让师生投身到项目当中，促使其实践技能得以提升，有力地推动了理论教学与实践教学的紧密结合。开展产学研合作办学既是国家经济发展的客观需求，也是培养高素质人才的有效途径，更是加快高校科技成果转化利用的重要渠道。怀化学院作为一所地方普通高等院校，在这方面也进行了一些有益的尝试，如在全区范围内选取了多家大中小型企事业单位来建立"教学实习基地""科研合作基地"等以进行人才培养。实习和实训一方面推动了应用型人才的培养，另一方面为学生下一步的就业开辟了一条宽阔路径。

3. 创新应用型人才育人特色

怀化学院在创新应用型人才培育方面颇有特色：一是围绕区域经济发展方面。二是树立实践与教育结合理念方面。三是坚持应用型人才培养目标方面。四是凭借学校学科与人才优势方面，学校在人才培养和师资力量上实施协同培养、开放办学，构建协同合作办学体系。

其一，围绕区域经济发展，解决教育与生产脱节问题。怀化学院创新发展应用型学科专业，构建交叉融合、特色鲜明、应用凸显的学科专业体系。全力塑造"师范教育、生物医药健康、电子信息与智能制造、大数据与计算科学、电子商务与商贸物流、三色生态文化旅游、数字媒体与文化艺术创意、材料科学与工程"等应用型专业集群。服务定位为：立足怀化，服务湖南，面向西南，辐射全国。怀化学院转变育人理念，培育既契合社会实际需求又符合企业实际需要的应用型人才。开办应用型专业、建设应用型学科、开展应用型研究、培育应用型人才。围绕区域经济社会发展战略及需求，强化基础学科与优势专业的支撑作用。

其二，树立实践与教育相结合的理念。怀化学院通过产学研培育应用型人才，较好地处理了过去人才培养重知识而轻能力、重理论教学轻实践环节等问题。将产学研协同创新的育人模式融入实践教学，树立全新的育人观、高质量发展观、高质量课程观，并将现代教育理念贯穿于教学改革与人才培养的整个实践过程，进而转化为广大教师的自觉行动。怀化学院结合学校教学实际情况，依据应用型人才培养的特点与规律进行培育。探寻互利共赢的合作点，结合企业资源优势构建校企合作育人机制，实现高校与合作企业在人才培养与运营机制方面的深度融合、深度对接。以培养管理者和学生主观能动性为核心，旨在培养学生的创新精神、创新意识和实践能力，激发教师、教学管理人员和学生的主观能动性。

其三，坚持应用型人才培养目标，构建协同创新育人模式。怀化学院推行"校企协同育人"模式，即院校与行业企业协同育人的培养模式，在坚守应用型人才培养目标定位的基础上，满足地方经济社会发展和国家产业转型升级对应用型人才的需求。注重实践教学与创新能力培养，积极组织学生参加各类学科竞赛和创新创业大赛，鼓励学生发挥实践能力与创新精神，开设众多实践课程和创新创业课程，为学生提供实践与创新平台。探索定向培养、课程嵌入、订单培养、顶岗实习、工学结合、产业学院等新型育人模式，由地方本科院校与行业企业共同制定人才培养方案、开办校企合作订单班，实施人才培养与质量评价。

其四，凭借学校学科与人才优势，推行开放办学模式。怀化学院在充分利用学校学科和人才优势的基础上，将学校的理论教学、实践教学与毕业生就业创业有机融合，将学院的教学、科研和社会服务职能紧密结合，使应用型人才的培养与"双师双能型"教师队伍的培养相互促进。在人才培养、师资力量方面积极实施协同培养、开放办学模式，走产学研结合、校地校企协同育人之路，构建了地方本科院校与地方政府、企业产业协同合作、资源共享、需求互动、实现双赢的办学体系。

（二）怀化学院科学研究方面

在科学研究和社会服务方面，怀化学院通过多种途径直接参与企业的技术研发和工艺升级改造，并通过创建工业园或科技园，发展政产学研合作办学等形式，为事业单位、科技产业发展孵化基地提供思想及智力咨询服务，进而使其成为经济社会发展中必不可少的技术创新源头。应用性地方高校的科研着重于应用性、开发性研究，以适应区域经济社会发展需求为导向，同时以地方的特殊资源和特殊需求为起始点，打造应用特色。

怀化学院的科研平台以及其他与科研相关的中心或机构包括易图境美术馆、现代产业研究院、大湘西红色文化与中国特色社会主义研究中心、生物医药与健康产业研究中心、生态农业智能控制和山区农业小机械研究及应用中心、乡村振兴服务中心、沅水流域文化艺术研究中心、武陵山片区乡村振兴研究中心、武陵山片区基础教育研究中心、新材料制备及应用中心、湖南国际陆港发展研究中心、体育运动委员会、语言文字工作委员会、怀化学院知识产权中心等平台。另外，怀化学院在省级重点实验室以及省级科研平台方面：大力加强平台建设，构建了"民族药用植物资源研究与利用"以及"武陵山片区生态农业智能控制技术"2个省级重点实验室，21个省级科研平台，其中民族医药类的省级科研平台有13个，立项了2个民族医药类的湖南省高校产学研合作示范基地。

怀化学院大力强化应用研究，在重大项目攻克、团队塑造、学术交流、科技成果培育以及产学研合作等方面提升主动性与主导性。例如，学校助力怀化五丰农业公司、通道源田生态农业公司等企业建成现代智能农业生产基地，使传统农业搭乘"数智"快车；依托民族药用植物资源研究与利用湖南省重点实验室，从育种、种植、深加工等全产业链推动黄精、茯苓等标准化、规模化、品牌化发展。科研作为服务地方经济社会发展的重要途径，通过产学研相结合，发挥高校人才汇聚、科研能力强、科技创新的优势，坚持有所为、有所不为，集中优势资源，瞄准本地需求，走出一条具有特色的发展道路。在众多展现怀化学院服务地方的事例中，其在基础教育方面的举措成效显著，下面是怀化学院在创新应用型人才育人方面开展的师范教育协同提质计划案例：

案例一 怀化学院服务地方基础教育——师范教育协同提质计划

目前怀化学院共有13个师范类本科专业，8927名师范类学生，比例为43.08%。目前，已有10万多名师范毕业生，60%以上的师范毕业生扎根在基础教育的第一线。2023 年，怀化学院作为中西部 32 所经济欠发达地区接受援助的高校之一，入选师范教育协同提质计划。怀化学院在狠抓师资队伍建设、强化学生联合培养、扎实推进师范专业认证工作、深化新时代教育教学评价改革，特别是在携手提升基础教育服务能力等方面，积极推进和落实"十大协同行动计划"，取得了重要进展和丰硕成果。怀化学院协同建设多个育人平台，如英语教育 UGS 协同育人研究与实践中心、音乐教育 4S 协同育人研究与实践中心等平台。怀化市教育局和各县市区中学还参与了英语教育 UGS 协同育人研究与实践中心的共建，为当地高质量发展基础教育、英语学科教育教学起到了重要的引领作用。怀化学院成立了名师工作室，分别挂牌成立了"怀化学院音乐舞蹈学院赵书峰教授名师工作室"和"怀化学院美术与设计艺术学院刘永健教授名师工作室"，通过资源整合，名师工作室对怀化学院及当地中小学进行了艺术、实践、教学、科研等多方面的高层次辅导。2023 年，学校承接服务基础教育的各类培训项目达 23 项，其中"国培""省培"项目 9 项，订单式"地培"项目 14 项，在提升市县各学段各学科青年骨干教师的教育理论水平和专业素养、提高教学创新能力和教育科研水平等方面，累计培训基础教育师资 1295 人次，发挥了地方师范院校应有的作用。怀化学院将继续在基础教育服务领域积极探索与实践，不断提升服务水平和质量，为地方教育事业的发展贡献更多力量。

（三）怀化学院区域服务方面

怀化学院明确区域服务指向，致力于满足社会生产实际所需，其秉持的实用主义宗旨奠定了应用型大学的功能，始终坚持以国家和区域的经济社会发展需求为主要拓展方向，依据地方经济、产业、技术结构特点，并结合独特的地理资源，有针对性地开展专业设置以及科研攻坚。例如，怀化学院的药用植物研究团队针对茯苓、黄精、百合等"怀六味"中药材展开深入探究，获得黄精国家相关标准、规范以及行规 17 项，建立了面积达 60 亩的黄精标准化现代育苗基地，制定了 3 项湖南省地方标准，还有"黔阳黄精和黔阳天麻" 2 个国家地理保护产品，获得授权发明专利 5 项。智能控制研究团队的智能控制系统在成都智棚农业科技有限公司等企业得到推广运用，推动了企业生产技术以及劳动生产率的提高，所产生的直接经济效益达 2195 余万元、间接经济效益达 1 亿元，强化了学校在科技研发和服务企业方面的能力。

目前怀化学院签署了 100 余份合作协议，旨在共同建设中欧国家工业机器人职业技能培训基地。例如，在 2014 年，怀化学院生物与食品工程学院和王依清带领的中药材专业合作社紧密配合进行技术攻坚，完成了以"溆浦瑶茶"为主要原料的木姜叶柯、"溆浦瑶茶"及复合配方食品的"药食同源植物产业化关键技术"的基础攻坚。2019 年 10 月 8 日，国家知识产权局批准对"溆浦瑶茶"实施国家地理标志产品保护。2023 年，怀化市发布重点项目攻关"揭榜挂帅"项目，怀化学院开展的"溆浦瑶茶"优质种质资源筛选及深加工关键技术研究项目上榜。再如，在 2021 年，为庆贺中国共产党成立 100 周年，怀化学院音乐舞蹈学院推出大型原创舞蹈史诗《通道转兵》，将发生在怀化通道侗族自治县的中国共产党党史上的重大历史事件——"通道大转兵"搬上舞台，诠释了"通道大转兵"的精神风貌。怀化学院音乐舞蹈学院与怀化市非遗中心、怀化市群艺馆等多家单位开展合作，围绕侗族、苗族、瑶族等少数民族音乐文化展开学科研究实践，借助怀化的地域优势和资源优势，找准了民族音乐舞蹈的研究方向，并逐渐形成了民歌、民族音乐、民族舞蹈的学科研究特色。

此外，应用性地方高校在办学过程中极其注重理论与实践的紧密结合，构建以实践为导向的办学体系，强化学生将理论转化为实践能力的培养，鼓励教师在实践中提升教学水平，如教师参与企事业单位的工艺更新改造等技术研发工作，从而更为直接、有效地服务于社会各界需求，以达成实用型办学的目标。同时，充分发挥人才对推动经济转型升级的支撑和保障作用，积极服务于湖南省块状经济向现代产业集群转型升级。应用型高校在建立和完善应用型人才培养机制与体系上，尤其注重强化校企合作、建设实践基地，以深化产教融合。

（四）怀化学院科技成果转化方面

怀化学院构建了湘西地区首家湖南省高校知识产权中心，以加速科技成果的转化应用与产业化进程。怀化学院共持有发明专利 200 余项，实现科技成果转化达 300 多万元。比如，与康瑞涂料合作开发的钢结构用水性工业防腐涂料和抗静电环氧地坪漆，为公司新增利润 1000 余万元；与翱康生科合作开展的溆浦瑶茶优良种质资源筛选及深加工关键技术研究，新增利润 500 余万元。在 2022 年，怀化学院委派教授博士团队与怀化的 26 家规模企业进行对接，与企业合作开展 348 项科研项目，立项 4 项湖南省企业科技特派员项目，立项 1 项中央扶持地方科技发展资金成果转化专项，真正将"第一动力"转化为了"真金白银"。怀化学院大力鼓励教师进行科技创新。选派一批青年博士以及具有高级职称的教师、科技特派员前往企业挂职锻炼，主动融入科技成果产业化的进程。当前，已有众多教师深入企业开展定期或不定期的挂职服务，直接面向市场进行技术创新，其一些科技成果取得了较好的经济效益与社会效益。围绕产业链、需求链布局创新链、人才链，怀化学院积极创新且用心探索"三对接、四个一"的校地合作模式，即一学院对接一县区，一平台对接一行业企业，一博士教授对接一规模企业；要"解决一个技术问题""申报一个科研项目""培养一支研发队伍""获取一批成果"。

第三节　发展民族地区地方高校的应用型特色

一、民族地区地方高校的基本特点

（一）民族地区地方高校概念及其特点

按照主管部门的划分，民族院校可分为中央部属民族院校和地方民族院校两大类。民族地区地方高校是指由地方政府主管，依靠地方财政在少数民族地区兴办的我国高等学校。由于地域的特殊性，这些地方的高校承担着为少数民族地方社会进步培养大量人才、推动社会经济发展以及研究少数民族发展等任务，相对于其他发达地区高校而言，所肩负的使命更为特殊。这类地方高校因地域特殊性，其区位劣势和底子薄弱问题凸显，人才培养条件无法满足人才培养需求，人才培养工作困难较多。大多数民族地区的地方高校地理位置偏远，人才引进难度大，办学理念相对落后。从师资力量来看，民族地区的重点高校（民族重点高校）普遍强于地区普通高校。

少数民族地区大多是资源型、生态型地区，在推进国家经济建设和生态文明建设中具有极其重要的发展战略意义。作为怀化民族区域创新的主要力量，怀化学院肩负着培养民族区域人才、支持地方经济的重任。发挥科技优势和人才聚集优势，面向民族地区经济社会和文化发展的需求，培养高素质应用型人才，开展技术创新和成果转化，为地方经济建设和社会发展提供服务是怀化学院的历史使命。民族地区高校的办学功能具有特殊性，传承优秀文化是民族地区高校不可或缺的功能。

民族地区地方高校以培养应用型人才为主，尤其是民族地区经济发展急需的技能型、应用型人才的培养；在科学研究方面，要把立足于本土文化、科技资源的应用研究作为重点，要关注高校研究转化后的成果能否拉动经济增长，在政府政策的引导下，高校与企业之间可以搭建一个产学研合作平台，在国家的推动下将科技成果向现实的生产力转化。在社会服务功能上，为实现民族地区的服务目标，突出地域"特色"，不断提升科技创新和基础研究能力，着力培养民族地区需要的人才，产学研结合是地方高校实现社会服务功能、增强高校社会服务能力的重要途径。民族地区地方高校由于其功能的特殊性，其办学的社会价值只有与自身发展的历史积淀、现实条件，学校服务社会所特有的地域空间相结合，确立自身的发展方向，才能更好地实现社会价值。

（二）民族地区中的怀化学院

怀化学院作为湘西少数民族地区的一所地方本科院校，其所处的怀化乃是多民族聚居地。怀化学院将服务区域民族地方的发展作为义不容辞的使命。怀化学院的湖南省民间非物质文化研究基地正在全力以赴地进行区域民间非物质文化的调查、研究与保护工作，并且与该校的湖南省文化遗产翻译与传播研究基地一同大力推进区域优秀传统文化的对外传播，促使区域优秀的传统文化在全国乃至全球绽放崭新的光彩。怀化学院积极开设，如民族艺术、民族历史文化等具有民族特色的课程，使学生得以深入地知晓并传承民族文化。怀化学院还新增了民族文化研究方向，致力于培育专门从事民族文化研究与保护工作的人才。该校组织学生投身于民族地区的社会实践以及调研活动，强化学生对民族地区发展需求的认知，同时邀请民族文化方面的专家、学者到校进行讲学，拓宽学生的民族文化视野。怀化学院尤为注重培养学生的跨文化交流能力，以适应民族地区的多元文化环境，并且在人才培养方案里融入对民族传统技艺的学习与传承，如民族手工艺制作等。

近年来，怀化学院坚持以铸牢中华民族共同体意识为主线，聚焦立德树人根本任务，深化民族团结进步教育，促进各族师生交往交流交融，突出区域性、应用型、民族性办学特色，按照《怀化学院创建湖南省民族团结进步示范校工作方案》持续推进民族团结进步工作，为做好新时代民族团结进步工作贡献了怀化学院的智慧和力量，让民族团结进步之花处处绽放。怀化学院始终坚持"因地制宜，分类指导，协同共创，注重实效"的工作原则，以政策宣传教育人，统一思想；怀院党委 2022 年出台的《怀化学院创建"湖南省民族团结进步示范校"工作方案》文件，并规范推进；召开职能小组负责人会议，并先后两次将文件纳入全校教职工政治理论学习内容，组织全校教职工学习，全面铺开此项工作。

二、发展民族地区高校的举措和成果

（一）在人才培养方面的举措

怀化学院积极发展民族地区高校人才培养特色，开设具有民族特色的课程，如民族舞蹈、民族音乐、民族历史文化等，让学生深入了解并传承民族文化。怀化学院设立民族文化研究方向，培养专门从事民族文化研究与保护的人才。组织学生参与民族地区的社会实践和调研活动，加深对民族地区发展需求的认识。邀请民族文化专家、学者来校讲学，拓宽学生的民族文化视野。注重培养学生的跨文化交流能力，以适应民族地区多元文化环境。在人才培养方案中融入民族传统技艺的学习和传承，如民族手工艺制作等。

在传承人培养方面，怀化学院始终秉承"民族性、区域性、高水平"

的办学理念，致力于将民族文化宝藏与现代创新相结合。怀化学院"中国非物质文化遗产传承人群研修培训计划"的研修培训内容包括侗族织锦技艺、民间雕刻、侗戏、花瑶挑花等项目。在民族非物质文化遗产传承与创新、非物质文化遗产与现代产业融合、与时尚潮流融合等方面开展教学。中国非物质文化遗产传承人群研修研习培训计划是一项基础性、战略性的非物质文化遗产保护工作。怀化学院不仅是为了传承，更希望通过培训和教学为民族大学的目标不断努力，助力乡村振兴。

（二）在科学研究方面的成果

怀化学院学校以民族类研究为重点，高质量的研究论文和论著数量增长较快，学校科技工作呈现出良好的发展态势。怀化学院整合各学科力量，以铸牢中华民族共同体意识为主线，构建了国家民委中华民族共同体研究基地、湖南省民间非物质文化研究基地、湖南省和平文化研究基地等多个平台，开展了多项课题研究。目前，已有 8 篇侗族传统文化系列报道在美国明尼苏达州发行量最大的华人报刊《中国快讯》上连载。同时，学院参加了"湖南省非物质文化展演——2018 美国罗利艺术节'东方华艺'盛典"等国际非遗展。此外，学院派出的汉语志愿者遍布全球 4 大洲 13 个国家，并与协和大学圣保罗分校开展了民族服饰与民间雕刻研究的交流。

为了加强学术交流，营造浓厚的科研氛围，也为了激发学生强烈的求知欲，以中华民族共同体研究民族文化、非遗、课题申报等内容为主，怀化学院定期为师生输入民族文化相关理论与实践知识，共举办了 34 期"雪峰讲坛"。怀化学院要求各二级学院以丰富多彩的民族节庆为载体,开展以传播民族文化为核心的科技文化活动。民族文化传播活动的内容涵盖了民族文化讲座、民族传统文化名著导读、民族手工业作品制作大赛、民族歌曲大比拼、民族文化大观园、非物质文化遗产保护论坛、民族知识抢答赛等民俗技艺活动。怀化学院作为湖南省社会科学普及宣传活动组委会批准成立的全省首批社科普及宣传基地,为增强全省社科普及力量,加强社科普及载体建设。怀化市历史悠久,各民族在生产、生活实践中孕育着丰富多彩的非物质文化遗产,是一个多民族聚居的地区。非物质文化遗产怀化学院工作站现拥有占地 1300 平方米的五溪流域民族民间文化艺术实践中心,展出各级各类非遗实物 3000 多件;打造学生志愿者队伍,邀请当地知名传承人联合开展非遗进校园、进社区的技艺展示和非遗知识传播等活动,并将 6 月固定为"非遗展演月"。

(三)在区域文化服务方面的举措

1. 成立怀化学院沅水流域文学与文化研究中心

沅水流域民族文化历史悠久,是我国中部少数民族最为众多、最为集中的地区。怀化学院沅水流域文学与文化研究中心于 2013 年经怀化学院批准设立。其研究领域包括沅水流域诗文小说研究方向、沅水流域地方戏曲研究方向、沅水流域民间文学与民俗文化研究方向。此外,怀化学院还对沅水流域民族文化进行了搜集整理,并建立了沅水流域民族文化博物馆,该博物馆设有服饰文化、傩文化、竹编艺术、木雕石刻、语言文化、碑刻拓片六个专题馆。平台研究成员来自民俗学、中国古代文学、中国现当代文学、文艺学、文献学和国内法学等六个学科，在侗族节会研究、竹枝词研究、汉书·艺文志研究、汉魏六朝诗歌词研究、魏了翁贬靖州研究、中国节日文化研究、许潮研究、《水浒传》研究、《阅微草堂笔记》研究、湘西民歌研究、乡土小说研究、向培良研究等诸多领域取得了丰硕的成果。产生了较大的影响力，受到了学术界的广泛关注。

怀化学院沅水流域文学与文化研究中心团队共有 11 名研究员，其中教授 2 名、副教授 7 名、讲师 2 名，具有博士学位的教师 8 名。团队成员主持了多项课题，包括 1 项国家社科基金课题、10 项湖南省社科基金课题、1 项教育厅重点科研课题、1 项优秀青年课题、6 项一般课题等。团队成员共出版学术专著 18 部，发表论文 270 余篇（其中核心期刊 40 余篇），并有 6 项科技成果获得省、市级哲学社会科学成果奖。[①]团队成员分别毕业于北京师范大学、浙江大学、华东师范大学、华中师范大学、南京师范大学、湖南师范大学、中南财经政法大学、上海大学、山东师范大学等高校，其专业背景涵盖中国古代文学、中国现当代文学、文献学、民俗学、文艺学、国内法学等 6 个相关学科，职称结构、年龄结构、学缘结构合理。专业背景具有很强的互补性，有利于联合攻关。

2. 开办怀化学院侗锦织造技艺研修班

怀化学院侗锦织造技艺研修班秉承"非遗 + 文创"的理念，将侗锦织造传统技艺与视觉传达、数字媒体艺术、产品设计、服装与服饰设计等新

---

① 怀化学院沅水流域文学与文化研究中心[EB/OL].(2024-01-19). https：//kjc.hhtc.edu.cn/info/1017/1033.htm.

兴专业有效地结合起来，旨在把织锦能手培养成"非遗＋文创"保护传承的领军人才。通过开设研培班，引导学员进行自主设计和研发侗锦织造技艺，培养了实现传统手工艺嫁接现代日用品的侗锦织造技艺人才。怀化学院自2017 年成为研培计划参与高校以来，为促进湖南非遗保护与传承高质量发展，为乡村振兴提供人才储备，积极培育学科专业特色。截至目前，怀化学院依托湘、黔、桂三省区交界的多元民族文化资源，围绕非遗保护与传承工作，以"非遗"保护与传承为核心，创建了"湖南省民间非物质文化研究基地"，开展了非遗文化开发与保护等近百门课程。怀化学院少数民族非物质文化遗产研培成果和文创产品参加深圳文博会、湘鄂赣皖四省非遗联展、第七届和第八届"中国苏州文化创意设计产业交易博览会"暨"苏州文化创意周"、怀化文化旅游高校行暨"双十百千万"招才引智活动等展览展示，得到了社会各界的一致好评。

第四节　个案分析——以怀化学院为例

一、怀化学院美术与设计艺术学院

怀化学院美术与设计艺术学院始建于 1978 年，坐落于素有"民族文化馆"之称的五溪明珠——怀化市。学院集艺、工、农三大学科于一体，主要培养美术教育、设计艺术、园林工程等应用型人才，是湖南省较早成立的美术设计专业院系之一。现有美术学（师范类）、环境设计、视觉传达设计、产品设计、数字媒体艺术、园林、风景园林 7 个本科专业，其中环境设计、美术学、园林 3 个专业为湖南省一流本科专业建设点，在籍学生 2000 余人。近年来，学院以"党建引领下的艺术管理"为抓手，狠抓落实，有力地促进了全院各项事业高质量发展。学院拥有应用特色学科方向 1 个"设计学"（省级），湖南省一流本科专业建设点 3 个，湖南省特色专业 1 个。建有湖南省非物质文化研究基地、民族民间传统手工技艺传承与创新研究基地 2 个省级重点社科研究基地，省级大学生创新创业教育示范基地（中心）5 个。拥有"美术与设计艺术实践中心"1 个，下辖竹木纤维集成创新设计、民间雕刻、3D 打印、陶艺、激光雕刻、民族织锦工艺、摄影摄像、园林生态与工程、风景园林规划设计与工程等实验（实训）分室 25 个。目前，教师累计获国家社科基金课题 5 项，教育部人文社科课题 3 项，省社科基金课题 80 项，教育厅重点课题 6 项，优秀青年课题 22 项，一般课题 40 余项。拥有文化和旅游部、教育部、人力资源和社会保障部"中国非物质传承人群研习培训计划"项目 4 项（侗锦织造、民间雕刻、花瑶挑花、南方山地民族织绣）。立项省级教改课题 25 项，省级一流课程（精品课程）13 门。[①]

二、美术与设计艺术学院的育人理念

（一）文化深耕——挖掘地域人文资源

怀化学院将培养民族地区应用型、创新型人才作为目标，旨在将学校建设成具有显著特色的、高水平的应用型民族地区高校。美术与设计艺

---

① 怀化学院美术与设计艺术学院概况[EB/OL].(2024-01-23)https：//msx.hhtc.edu.cn/xy/xyjs.htm.

学院紧密围绕学院的办学定位，提出了"文化深耕、融合创新"这一育人理念，深入挖掘地域人文资源，紧密围绕"乡村振兴""民族文化传承与创新"等新时代国家战略以及地方发展需求，踊跃开展"人才培养与地域经济文化发展实现无缝对接"的探索与实践，确立了以"校企"合作、"校地"合作为主导的联合育人机制，主动融入地方经济社会建设。让艺术为乡村赋能，借助地域资源，培育切合实际、有用于世的设计人才，坚持扎根本土、开放办学、融合育人，将设计创作切实落实在大地之上，助力"传承—创新—应用—服务"一体化特色育人生态的构建，竭力提升美术与设计艺术学院师生卓越的设计服务能力，坚持基于目标，融合育人。

在地域传统文化的理论研究层面，美术与设计学院深入探究其内涵与特征，借助跨学科研究手段，揭示其与社会、经济、人文等的紧密关联，挖掘其独特价值，为地域传统文化的保护、传承与发展奠定了坚实的理论基础。美术与设计学院积极创立相关研究机构与专业，针对南方山地织绣技艺展开了全面、深入且细致的研究。他们对获取到的知识予以精心整理，并通过多种途径进行广泛传播，为后人提供了极具价值的重要参考资料。他们不遗余力地投入诸多资源对非遗展开深入且系统的探究。通过实地调研、与传承人深入访谈等多种方式，全面且深入地了解非遗的实际状况以及未来发展趋势。在整个科学研究过程中，他们不但极为注重对非遗本体的深入研究，而且高度重视非遗与当代社会的互动关系，通过深入研究非遗在现代社会中的传承与发展模式，为非遗的保护和利用提供了坚实的理论支持与具有实践指导意义的策略。

美术与设计艺术学院深入挖掘地域人文资源，在与地域传统文化相关的科研与教学方面收获了颇为丰硕的成果。先后成功获批 2 项国家社科及艺术学项目、8 项教育部产学研校企合作办学项目、30 余项省级科研及教改项目。还出版了 12 部专著及教材，在 AHCI（艺术与人文科学引文索引）、SCI（科学引文索引）、EI（工程索引）、SSCI（社会科学引文索引）、CSSCI（中文社会科学引文索引）等核心期刊上发表了 20 余篇论文，在 CSSCI 期刊发表了 30 余篇论文，还荣获了 80 余项各类专利。不仅如此，更是获取了众多引人瞩目的奖项，包括人社部举办的"第二届'中国创翼'青年创业创新大赛"全国总决赛的金翼奖，中国国际"互联网＋"大学生创新创业大赛国家级银奖、铜奖（第五届、第六届、第七届），"挑战杯"大学生创业计划竞赛国家级铜奖（第十二届、第十三届），首届"芙蓉杯"国际工业设计创新大赛银奖，中国玩具和婴童用品创意设计大赛特等奖（第三届），米兰设计周中国高校设计学科师生优秀作品全国赛银奖等 50 余项国家级奖项以及 200 余项省级奖项。[①]

（二）融合创新——与非遗技艺相融合

创新设计作为其核心内容之一，学院将现代设计理念巧妙地与非遗手工技艺相融合，催生出了众多具有强烈时代感的优秀作品。这种融合不是简单的相加，而是一种深度的交汇与碰撞，既保留了非遗手工技艺的独特韵味和精湛工艺，又赋予了作品现代设计所具有的时尚感与前瞻性。与此

---

① 怀化学院美术与设计艺术学院概况[EB/OL]，(2024-01-23)https：//msx.hhtc.edu.cn/xy/xyjs.htm.

同时，学院还积极探索新的材料和技法，不断拓宽非遗技艺的表现边界，极大地丰富了其艺术表现力。这些努力为非遗创新设计提供了坚实而有力的理论基础和技术支持。美术与设计艺术学院的教师们充分发挥自身的专业优势，深入且细致地研究非遗的历史文化背景、技艺特点以及美学价值等方面，通过对这些内容的深入剖析，他们加深了创新设计的理解并提供了精准的指导。

美术与设计艺术学院通过在理论研究、创新实践、成果转化和国际交流等方面的不懈努力，为非遗的传承与创新开辟了崭新的道路，让非遗在现代社会中焕发出全新的生机与活力。美术与设计艺术学院始终坚持不懈地进行创新和发展，并在这一进程中展现出了强大的活力与创造力，用设计助力乡村的文化、经济等方面的发展。怀化学院美术与设计艺术学院依据学校专业办学实际需求以及区域经济建设需求，建立了以"校企"合作、"校地"合作为主导的联合育人机制。在日常教学中，学生们能够在课堂上系统地学习非遗知识，从而逐渐培养起对非遗的浓厚兴趣和真挚热爱，这无疑为他们未来的创新设计之路奠定了坚实的基础。在具体的创新设计过程中，学院始终鼓励学生们大胆突破传统思维的局限，勇敢地将非遗元素与现代设计理念和技术紧密结合。因而，学生们积极运用现代材料、工艺和设计方法，对非遗进行了富有创意的重新演绎和再创造，他们以独特的视角和创新的思维赋予了非遗全新的生命力。例如，利用新型材料制作具有非遗图案的时尚饰品，或是运用现代工艺改良非遗服饰的制作工艺，使其更符合当代人的审美观念和穿着需求。

同时，学院高度重视各类非遗创新设计活动和竞赛，积极组织学生参加。这些活动为学生提供了一个充分展示才华和交流经验的广阔平台。比如，《"老布新衣"五溪流域非遗拼布时尚艺术中心》项目凭借其独特的创意和精湛的设计，连续获得了第五、六、七届中国"互联网+"创新创业大赛全国铜奖；《五溪"花衣"民族文化服饰创意创新基地》也荣获了湖南省"挑战杯"金奖；而《时尚"穿"承 锦绣"吾昔"——我是湘西民族非遗服饰工坊创益人》项目，以其对传统非遗民族服饰传承的深入研究、对民族服饰文创产品的精彩研发以及在少数民族"一品一特"乡村改造方面的突出表现，成功斩获乡村振兴和农业农村现代化类别全国总决赛银奖。这些活动极大地激发了学生们的创造力和积极性，促进了不同学科之间的交叉融合，让学生们在跨学科的交流与合作中碰撞出更多的创意火花。同时，也培养了学生们的团队合作能力，让他们学会在团队中发挥各自的优势，共同为实现目标而努力。

美术与设计艺术学院还积极搭建产学研合作平台，为非遗创新设计成果的转化和应用创造了有利条件。通过与企业、社会机构的紧密合作，学生们的创新设计作品获得了走向市场的宝贵机会，得以实现商业化和产业化。这一举措带来了多方面的积极影响。一方面，为非遗传承人带来了可观的经济收益，改善了他们的生活状况，进一步激发了他们传承和发展非遗的积极性。另一方面，让更多的人有机会了解和喜爱非遗产品，扩大了非遗的影响力和知名度，有力地推动了非遗的传承和发展。此外，学院还特别注重培养学生的创新意识和实践能力。精心设置的实践教学环节让学生能够亲身体验非遗制作过程，深入掌握非遗技艺的精髓。在实践中，学生们不断地探索和尝试，将自己的创意巧妙地融入非遗作品中，有力地推动了非遗创新设计的发展。他们通过一次次实践，不断积累经验、提升技能，逐渐成长为具有创新精神和实践能力的优秀人才。这种培养模式不仅为非遗创新设计注入了源源不断的动力，也为学生们的未来发展开辟了广阔的道路。

美术与设计艺术学院培育的"山川民物"品牌在非遗助力乡村振兴、当代非遗青年探索实践、非遗设计文创产品等方面取得了丰硕成果，彰显了怀化学院致力于非遗创新赋能的深厚底蕴。2023 年怀化学院美术与设计艺术学院的 37 件"山川民物"品牌的作品参加第八届中国成都国际非物质文化遗产节。参展作品及商品为怀化学院南方山地民族织绣技艺培训班两期学员创作的作品，此次研发的文创产品有包、丝巾、服饰等，将侗锦技艺、花瑶挑花、苗族挑花、侗绣、苗绣等传统技艺与生活接轨，与现代设计相融合，从传承创新、消费理念、文化推广等多个角度进行融合，得到国内外友人、参观者及广大消费者的青睐。

美术与设计艺术学院积极致力于各类文化活动的开展以及展示平台的搭建，以使其得到极为广泛且深入的传播。比如，精心举办南方山地非遗文创展览、盛大的非遗文化节等丰富多彩的活动，这些活动使更多的人能够有机会深入地了解和尽情地欣赏非遗手工技艺独具的迷人魅力。与此同时，学院还充分利用互联网和社交媒体等多元化的渠道，将非遗手工艺的精美作品以及相关知识高效地传播到更为广泛的受众群体之中。就像美术与艺术设计学院的土陶产品创新团队极度重视产教的紧密结合，他们通过与辰溪县土陶非遗基地传承人联合进行现场直播，详细解说土陶文化，为传承人搭建了一个极为优质的展示和交流的广阔平台，让他们拥有的精湛技艺能够得到更加良好的传承和进一步的发展。土陶产品创新团队尤其注重围绕怀化地区极为丰富的文化资源以及自然资源来进行全面深入且细致的科学研究与极具创意的文化创新工作。教师们紧密依据产品设计专业的独特性，亲自带领学生深入怀化周边的陶瓷生产基地进行实地考察，全面而细致地了解当地龙窑、柴烧等传统土陶的烧制技艺，并大力、积极地鼓励学生一定要学有所想，思有所悟，进而能够学有所创。美术与艺术设计学院针对非遗创新设计所展开的深入研究和积极实践为非遗传承人的培养开辟了全新的途径。通过与高校进行紧密的合作，传承人能够有机会学习到更为先进的理念和更为精湛的技术，进而有效地提升自身的创新能力以及强烈的市场意识。

美术与设计艺术学院在创新与发展方面展现出了强大的活力和创造力。通过不断探索和实践，将非遗与现代设计完美融合，为非遗的传承和发展作出了重要的贡献，也为培养优秀的设计人才奠定了坚实的基础。未来，我们有理由相信美术与设计艺术学院将继续在创新与发展的道路上不断前行，创造出更加辉煌的成就。

（三）产学研与科技成果转化

1.产学研与科技成果转化通道

要摆脱人才培养的同质化，首先要做到学科专业能够生存、立足、发展，这是展现特色的基本条件。要立足实际，因地制宜，构建操作性强的育人体系。本土高校人才培养的最显著特点是开展创新创业应用能力的培养。美术与设计艺术学院经过数十年的建设，在办学思路、师资力量、教学条件、专业与课程建设、学科水平、实验室条件等方面逐步改善，教学质量稳步提升。根据学校提出的"建设区域性、应用型、高水平本科院校"的战略构想，立足自身条件、地缘优势和办学特色，打造国家级文化品牌的"湖南范本"，以更好地开展非遗项目的保护、传承和创新工作。怀化学院美术与设计艺术学院师生具有自觉的责任意识和担当意识，秉承强基础、增学养、提升文化自信的研培精神，围绕国家"十四五"非遗保护重点工作，配合乡村振兴等重大战略，期望通过研培促进本区域内非遗人才就业、发展传统文化产业、助力乡村振兴。

其次要打造科研创新平台服务社会机构。根据学校专业办学实际需求和区域经济建设需求，怀化学院美术与设计艺术学院按照以"校企""校地"合作为主导的联合育人机制，大力开展"高校设计专业人才培养与社会需求无缝对接"的探索与实践，并率先在全校二级学院成立了"地方合作及文化创新与创意办公室"，以统筹和管理对外服务职能。

在当今时代，随着经济的迅猛发展以及科技的持续不断进步，整个社会对于美术与设计人才的需求呈现出日益增长的态势。与此同时，企业也正面临着创新能力匮乏、产品竞争力不够强劲等一系列严峻的问题。怀化学院美术与设计艺术学院长久以来始终对校企合作保持着高度的重视，坚持不懈地积极探索与企业合作的多样化模式以及各种可行途径，致力于达成教育与产业之间的深度融合，全力以赴地培养能够适应社会实际需求的高素质且具有创新能力的专业型人才。历经多年持之以恒的努力与奋进，学院在校企合作这一重要领域取得了极为丰硕且令人瞩目的成果。

2. 美术与设计艺术学院产学研合作案例（表3）

表3　美术与设计艺术学院产学研合作案例

时间	合作者	事项
2016年	美术与设计艺术学院和哈泊妮国际教育传播有限公司合作	企业给美术与设计学院的学生提供市场实际案例的研发和实训机会；利用美术与设计学院专业资源的优势，推动企业产品的研发和更新
2016年	美术与设计艺术学院和湘西缘集团合作	在湘西缘集团与怀化学院签订战略合作的背景下
2017年	怀化学院、靖州苗族侗族自治县与芷江侗族自治县政府合作	美术与设计艺术学院为靖州苗族侗族自治县、芷江侗族自治县成立30周年县庆提供迎宾、礼仪及部分领导和表演服饰的设计及制作服务
2018年	美术与设计艺术学院和完美动力动画制作有限公司（南京分公司）合作	为学生与社会工作岗位零距离接触，为学生全面掌握职业岗位的基本技能创造良好的条件
2018年	怀化学院与湖南东泰天诺舍设计装饰有限责任公司合作	明确了具体合作方式与学生培养、师资培训等具体合作事宜
2018年	美术与设计学院和湖南省漫衣殿服饰科技有限公司合作	明确提出了将通过增强企业创新能力、打造湘派服装精品、推进产业集聚发展、深化产学研合作，推动我省服装产业加快发展

（续表）

时间	合作者	事项
2019年	怀化学院美术和设计艺术学院和长沙达内软件有限公司英才添翼分公司合作	明确了校企合作"面向未来、加强合作、优势互补、共同发展"的宗旨
2019年	美术与设计学院和深圳市瑞立视多媒体科技有限公司	协同美术与设计艺术学院等组建VR（虚拟现实技术）科技创新学院平台建设，实现VR+专业的高级应用型人才的培养与输出；开发科技创新平台，推动大学生的科技综合创新；建立社会服务平台
2020年	美术与设计艺术学院和怀化市建果生态土鸡养殖农民专业合作社合作	就怀化市乡村振兴主要问题与对策进行了深度交流，就建立合作达成统一认识，"武陵山片区民族民间文化传播与乡村振兴研究中心战略合作单位"授牌怀化市建果生态土鸡养殖农民专业合作社
2024年	怀化学院美术与设计艺术学院和中方县铁坡镇合作	构建校地合作新模式，探索产学研用协同发展新可能，为乡村振兴战略注入青春动能

共建实践教学基地：美术与设计艺术学院积极与众多企业通力合作，共同构建起实践教学基地，为学生倾力提供极为真实的工作环境以及丰富多样的实践机会。学生置身于基地当中，可以切实接触到企业的实际项目，进而能够充分地锻炼自身的实践能力，切实有效地提高专业技能水平。

联合培养人才：美术与设计艺术学院与企业紧密携手，共同精心制定人才培养的全面方案，并且将企业的具体需求深度融入课程体系之中。通过大力开设专门为企业定制的课程，以及诚挚邀请企业的专家前来授课等多元方式，使学生能够更好地知晓行业的发展动态以及企业的实际需求。

开展科研合作：美术与设计艺术学院的教师与企业的科研人员齐心协力开展科研项目，将取得的科技成果灵活应用于企业的生产实践，有力地提升企业的技术水平以及创新能力。

举办创新创业活动：美术与设计艺术学院与企业紧密联合，共同举办各类创新创业大赛、开展内容丰富的创业讲座等系列活动，极大地激发学生的创新创业意识，为学生全力提供创新创业的优质平台以及丰富的资源，为学生的创新创业之路奠定坚实的基础。

三、学院产学研合作和科技成果转化现状问题分析

（一）合作方在思想认识上存在偏差的情况

一方面，高校教师"自由探索"的研究导向致使科技成果与行业实际应用需求和企业实际应用需求脱节的现象时有发生。一些高校科研人员的研究导向从自己的科研兴趣出发，形成了一些缺乏实际应用导向的学术论文和专利，偏离了企业和行业的应用需求，一些科技成果只能摆在"橱窗"以论文和专利的形式展示，尽管对高校科研人员的职称评定有利，但对服务地方和企业的成果需求是不利的。科技工作者把技术本身当作科技创新的全部，缺乏研发成果市场化、商业化的基本动力，这与国内科技人员的价值观取向有着必然的联系。

另一方面，国内技术转移存在信息不对称的问题，供需双方缺乏一个能够相互信任和互联互通的机制与平台，还没有完全构建起整体良性的生态匹配链条。不仅如此，相关的研发成果转化激励体系并不完善，尤其是大部分技术转化机构的专业化、差异化、精细化能力不足，导致研发成果对接效率和落地效率不高，进而在一定程度上削弱了产学研多方的技术转化需求，因而国内更缺乏既懂科研又懂技术产业化的成果转化专业人才。

如果高校部分科研人员主动对接了本地企业的实际应用需求，就既解决了技术难题，又转化了部分科技成果。产学研合作的理想目标是合作各方能够实现共赢发展，但由于产学研各方主体分属不同领域，在合作项目和对象选择、科技成果评价、项目完成标准界定等方面存在不小的差异，产业背景、发展导向、自身需求等不同导致价值取向和思想认识出现偏差。如果不能在这些方面达成统一，势必会造成技术创新活动与市场需求脱节，从而影响产学研合作的深入开展。

（二）技术创新活动与市场需求出现一定的脱节

科技成果应以国家战略需求为导向，但更多的应是"惠民"，即面对经济发展的主战场，应创造更多属于百姓和社会的财富。我们还需认识到，一项科技成果若在转化周期内未转化为生产力，其经济潜力便会迅速衰减。体制建设滞后，导致技术创新也滞后。产学研合作技术创新体系涵盖了项目选择、分工协作、利益分配、风险承担、人力资源管理等多个方面，是促进产学研合作顺利开展的重要保障。充分调动合作主体的积极性，推动科技成果转化利用，实现可持续、深层次的合作，这对于健全产学研合作技术创新体系至关重要。但目前一些与产学研合作相关的配套体系在体制建设单方面突进的情况下，未能及时跟进，尚未形成一个完整的体系。

（三）衔接方面存在"专业化能力"欠缺的问题

一方面，从事技术转移以及科技成果转化的专业机构和人员较少，缺乏既懂市场又懂技术的管理者，在对接过程中既能够与企业联系，又拥有高校院所资源的"居间协调"的能力不足往往导致好的成果被"束之高阁"，企业需求却"无人问津"；另一方面，当前有不少政府部门和民间协会在推动科技成果转化，然而在信息互通、资源共享、成果互促等方面合力凝聚不足，与企业的粘合也不紧密，亟待加强。再有，怀化学院就存在对企业创新需求收集不足，甚至很多时候无法准确描述企业的技术难点、技术需求，无法准确将其传达给学校科研人员的问题，即技术转移服务人员不足且提供的服务不够专业。由于信息沟通不畅，导致企业很难高效、准确地找到适合自己的科技成果和科研人员。此外，高校院所的科技成果大多具有市场前景不明、产业化和商品化成本高、风险大等特点，与怀化企业的生产制造能力并不相适应。

第三章　产学研促科技成果转化案例——以怀化区域为例

本章通过对大湘西怀化市及其区域周边企业的产学研推动科技成果转化案例，还有怀化学院的产学研促科技成果转化案例予以分析，展现产学研合作推动科技成果转化的多元模式。其中，怀化市及其区域周边企业的案例主要涵盖合作开发项目模式、共建技术平台基地模式、共建技术实验室模式、联合培养人才模式等；而怀化学院的产学研案例主要包含合作开发项目模式、技术入股项目模式、联合培养人才模式、产学研联合模式、大学生创业园模式等模式的案例。此部分借由对这些案例的深度剖析，总结出了当下怀化地区在产学研方面存在的一些问题。

第一节　企业产学研促科技成果转化案例分析

一、合作开发项目模式案例

合作开发项目模式是指企业、高校和科研院所之间相互协作，共同开展项目研发以促进科技成果转化的一种模式。这种模式在合作过程中将企业的资金、市场渠道，高校的科研力量、人才资源以及科研院所的专业技术等优势进行整合，各方发挥各自特长，弥补彼此的不足，以提高创新效率和科技成果转化成功率。这种合作通常围绕特定的技术难题或市场需求展开，具有明确的目标和任务。下面以怀化市及其区域周边的企业为例对该合作模式进行分析。

（一）博嘉公司产学研与科技成果转化分析

1.产学研促科技成果转化的基本情况

湖南博嘉魔力农业科技股份有限公司（以下简称博嘉公司）于 2013 年成立，注册资金 465 万元，坐落于怀化市会同工业集中区，是一家以种植、加工、销售、研发、科技推广等为主的农业科技公司。不仅如此，它还是国家高新技术企业、"国家级星创天地"、湖南省林业产业龙头企业、省级扶贫龙头企业、全国巾帼脱贫示范基地、国家林下经济及绿色产业示范基地。"会同魔芋"获得了国家地理标志产品保护。当前，博嘉公司已发展为怀化地区农业产业化龙头企业，拥有 8 条魔芋精深加工生产线、18 项国家发明专利、2 项外观专利以及 27 个注册产品商标，主要生产魔芋仿生食品、魔芋膳食纤维等系列产品。

公司自 2016 年开始与湖南农业大学食品科学技术学院开展产学研合作，探索魔芋精深加工的创新发展与产品升级。合作以来，2017 年博嘉公司与湖南农业大学共同申请了"一种彩色魔芋球的加工方法""一种魔芋球的加工方法"两项发明专利，2018 年二者共同申请了"一种无硫魔芋片及其加工方法"的发明专利。2023 年博嘉公司与湖南农业大学合作研发的

"一种低海拔大田条件下的魔芋种植方法"申请了发明专利，将在低海拔大田地区种植魔芋变为现实。博嘉公司在产学研合作中不仅利用高校资源解决了发展技术瓶颈，研究出在低海拔种植魔芋的创新技术，还制定了魔芋种植标准。此外，博嘉公司同西南大学、湖南农业大学、湖南医药学院、中国魔芋研究中心、中国魔芋协会等国内高校与研究机构开展进一步交流合作，为发展魔芋产业、助力乡村振兴带来广阔前景。这种模式通过企业与高校及研究机构的紧密合作，实现了资源共享、优势互补，加速了技术研发和应用的进程，有力地促进了科技成果的转化，推动了相关产业的发展和进步。

2. 产学研促乡村科技振兴

博嘉公司所带动的会同魔芋产业既是精准扶贫和产业扶贫的重点开发项目，也是怀化市 2017 年的重点项目。博嘉公司与湖南农业大学共同合作研发的低海拔种植魔芋的方法，与传统种植条件及标准相比，新出台的魔芋低海拔种植技术标准推动了科技成果向乡村地区的推广，这不仅提高了乡村农业生产水平，也为企业的发展增添了动力，还为村民提高了收入。企业的技术创新发展有力地带动了乡村产业的同步升级，提升了农村产业的附加值。在产学研合作研究中，博嘉公司加大研发投入，先后获得 7 项魔芋种植国家发明专利、14 项魔芋产品生产国家发明专利和 1 项外观专利，这促使企业科研人员在科技创新上持续发力。这些被利用和转化的科技成果使种植魔芋的农户增加了收入，也让企业获得了更为明显的效益。目前，该公司已与会同县的绿盈魔芋专业合作社、绿嘉园魔芋专业合作社、慈航家庭农场、灵峰中药材合作社、长圳湾家庭农场、志敏家庭农场等共同培育新型农业经营主体，并与合作社及家庭农场形成了新型企业农村合作关系。

此外，在博嘉公司产学研合作中，合作社与家庭农场的出现也间接带动了乡村旅游产业的发展，让更多贫困村民能够在产学研合作中脱贫致富。这种合作通过企业与高校、科研院所以及乡村各类主体的紧密结合，实现了技术、资源、人才等要素在乡村的流通和转化，让科技成果能够更直接、更有效地在乡村落地生根，转化为实际的生产力，促进了科技成果的转化，为乡村振兴提供了强大动力。

3. 产学研促科技成果转化路径特点

博嘉公司将产学研合作视作科技创新的重要动力，它与多所高校和科研院所积极开展产学研合作以及人才交流，形成了独特的产学研合作路径。博嘉公司能走在怀化农产业行业前列，原因就在于其高度重视企业人才升级与全产业链升级。近年来，公司通过一系列促进成果转化的路径来加速科技创新：一是公司极为注重应用型人才的培养，重视产学研联合培养与项目合作，为人才提供先进的研究平台。研发人才借助研究平台进行沟通交流，攻克了诸多技术难题，收获了众多科技成果。二是企业通过开展产学研合作，依据自身优势拓展合作对象，极大地拓宽了产学研合作的对象与渠道，通过产学研合作形成企业技术优势，进而促成人才升级、企业升级与合作对象升级的多赢局面。三是博嘉公司高校＋企业＋合作社/农场的独特产学研合作发展新路径，充分利用了怀化地区的自然环境优势，致力于推动企业与乡村共同发展，实现乡村振兴的新型产学研合作模式。比如，博嘉公司与会同县绿盈魔芋专业合作社、会同县绿嘉园魔芋专业合作社、会同县慈航家庭农场、会同县灵峰中药材合作社、会同县长圳湾家庭农场、会同县志敏家庭农场建立的有关魔芋种植等方面的合作项目，在村民获得可观利益的同时，博嘉公司的产学研合作研究也有了可持续的原材料。

博嘉公司产学研合作具有以下特点：其产学研合作具有资源互补性，以企业为主导，充分发挥各自优势，实现资源互补；其产学研合作具有长期稳定性，以企业为中心，建立起长期稳定的合作关系；其产学研合作具有动态适应性，以企业需求为核心，根据市场变化与技术发展动态调整研究内容；其产学研合作具有多方共赢性，企业发展不仅带动了高校、企业与科研院所的发展，还促进了企业与当地政治、经济的有效发展，实现了各方利益的共赢。随着博嘉公司的不断发展，其技术研究领域也在持续扩展、延伸，产学研的战略地位将越发重要。博嘉公司将继续钻研魔芋行业的共性问题，提出个性化的解决方案，努力构建相关技术领域的产业组织联盟，为怀化地区农产品的快速发展贡献新的方案。

（二）康瑞公司产学研促科技成果转化分析

1.产学研促科技成果转化的基本情况

湖南康瑞涂料科技有限公司（以下简称康瑞公司）成立于2009年，企业占地30亩，是国家级高新技术企业、新材料企业、小巨人企业，已成长为怀化地区集高性能多功能绿色涂料研发、生产、销售、施工于一体的龙头企业。2015 年荣获"湖南省名牌产品"和"湖南省著名商标";2018 年获批"怀化市工程技术研究中心""怀化市创新人才团队";2019 年获得"湖南省技术发明奖";2020 年获批"湖南省企业技术中心",承担"湖南省重点领域研发计划项目";2024 年荣获"国家级绿色产品设计"、获批"湖南省智能制造车间"与湖南省专家工作站。在怀化同行业组织中,其专利量与服务工程案例均有较大的优势。

康瑞公司作为怀化地区涂料产业极具发展潜力的科技创新企业,多年来高度重视产学研合作,认识到要适应市场的重要性,落实科学技术是第一生产力,以科技创新推动企业高质量发展。产学研的紧密结合能够让高校、科研院所和企业实现资源互补,给企业带来新的生机与活力。例如,2018 年以来康瑞公司分别与湖南师范大学、怀化学院开展产学研合作,搭建产学研合作平台,利用高校的人才资源与研究资源为企业的技术创新发展提供智力与技术支持,赋能企业科技创新;2019 年度湖南省重点领域研发计划项目发布,康瑞公司与怀化学院共同申报的科研项目《聚苯乙烯基炭化微球 / 聚醚酰亚胺复合材料的制备及产业化》成功立项,项目总经费 1000万元,其中省级财政科技经费 100 万元,二者合作开发的钢结构用水性工业防腐涂料和抗静电环氧地坪漆,新增利润 1000 余万元,是康瑞公司与怀化学院产学研合作进一步深化的体现;2022 年康瑞公司在怀化市重点项目攻关"揭榜挂帅"项目立项的"高耐候水性环保外墙涂料制备关键技术研究"取得实质性进展,该项目是康瑞公司高层次人才技术研发团队与湖南师范大学、怀化学院合作攻关的，成功开发出解决传统防火涂料易吸潮缺陷、大幅度提高涂料使用稳定性的生物质基水性工业涂料和 P-N-C 三元一体化阻燃剂阻燃的高效薄型防火涂料两大产品系列。

2.产学研促科技成果转化的具体措施

近些年康瑞公司在高性能绿色涂料材料方面一直在走产学研合作道路，研发项目也多通过产学研合作完成。康瑞公司在产学研合作期间通过知识共享、技术共享、人才共享与信息共享等方式与湖南师范大学、怀化学院等高校开展项目合作，加大对企业研发技术的攻关力度，依托高校与科研院所的人力资源和技术资源对企业产业链进行全方位升级。在产学研合作过程中，企业能够借助高校与科研院所的帮助将知识生产转化为生产力生产；在产学研合作过程中，企业同高校、科研院所之间的人才流动促进了企业管理的同步发展；在人才互动中，企业不断引入新的管理理念，不仅助力企业实现从传统管理向现代管理的创新，还能依靠高校科研力量，为企业决策提供科学依据。

3.产学研合作经验分析与总结

康瑞公司与高校产学研的成功合作表明，产学研在项目选择、合作伙伴选择、资源整合、人才培养与交流、政策利用、成果转化以及沟通与协调等方面都起着不可忽视的重要作用。比如，在合作伙伴选择方面，要挑选具有相关专业优势的高校或科研院所，康瑞公司选择与怀化学院开展产学研合作，怀化学院丰富的人才资源与研究资源为康瑞公司自主创新能力和核心竞争力的提升提供了有力支持，也为康瑞公司后续的可持续发展奠定了坚实基础。产学研合作从宏观上来说，是指高校、科研院所和企业以共有利益为目标，通过人才共享、知识共享、利益共享来实现目标的知识统筹与技术研发。相较于产、学、研各自独立发展，产学研合作以人才资源、知识资源、市场资源为合作前提，遵循合作准则，通过整合各方资源能够加快企业研发进程，在提升企业市场竞争力的同时，也为企业实现技术突破带来了新的契机。

（三）千源公司产学研与科技成果转化分析

1.产学研促科技成果转化的基本情况

湖南千源铝业有限公司（以下简称千源公司）始建于 2013 年，秉承"品牌兴，则企业兴，质量强，则企业强"的经营目标，坚持"升华核心技术、提高核心竞争力"的根本宗旨，在科技创新和产业改革的时代背景下，以科技创新支撑企业可持续发展理念，将"产、研、用"有效结合起来，发展为湖南省铝型材行业领军企业、高新技术企业，是集铝合金研发、生产、销售为一体的具有铝型材全产业链及完善的生产运作管理体系的怀化铝型材行业龙头企业。2022 年，千源公司联合怀化学院化学与材料工程学院在湖南省工程技术研究中心联合申报的旨在培养应用型人才、帮助企业产业升级、促进科技成果转化、实现校企双赢的"湖南省再生铝工程技术研究中心"成功获批。

2.产学研促科技成果转化的具体措施

千源公司始终坚持技术创新，提高生产力，以科技创新支撑企业可持续发展，公司积极与国内高校进行产学研合作，实施科技攻关。例如，千源公司与怀化学院进行产学研合作并申请了数项发明专利，包括一种废铝模板回收再生用自动化预处理设备发明专利、节能型废铝再生精炼装置及工艺发明专利、一种双层涂覆的铝合金复合材料的制备方法发明专利、一种疏水性表面抛光的铝合金的制备方法发明专利、一种耐磨疏水性铝合金板材及其制备方法发明专利等。产学研合作的成功开展使千源公司一跃成为全国铝材行业 20 强、湖南的"前三强"。

3.企业产学研合作主要模式特点

千源公司通过与怀化学院的深入合作不仅实现了自身的快速发展，也为区域经济的繁荣作出了重要贡献。更多的企业开始效仿这种模式，推动了整个行业的进步与创新。未来，产学研合作将在科技创新的道路上继续发挥重要作用，为经济社会的可持续发展提供源源不断的动力，其模式特点：①具有高度的协同性，企业、高校与科研院所紧密协作，优势互补，共同攻克技术难关，促进科技成果转化。②具有很强的适应性，能够根据市场需求和行业发展动态及时调整合作方向与策略。③具有广泛的辐射性，不仅能提升合作双方的实力，还能对周边企业和相关产业起到带动和示范作用。④具有长远的战略性，着眼于未来的发展，通过持续的投入和努力为企业与社会创造长期的价值。⑤具有鲜明的开放性，积极与外界交流合作，吸收先进的理念和技术，不断拓展合作的领域和范围。

二、共建技术平台基地案例

产学研合作中的共建技术平台基地是指企业、高校和科研院所等各方通过资源整合、协同合作，共同建立的具有特定技术研发、创新功能和服务支撑的场所或载体。在共建技术平台基地的过程中，各方可以共同投入资金、设备、人才等资源，围绕特定领域或技术方向开展联合研发、技术测试、成果转化等活动。

（一）侗脉公司产学研合作模式分析

1.产学研促科技成果转化的基本情况

湖南侗脉文化创意发展有限公司（以下简称侗脉公司）成立于 2014 年，是湖南省科技型中小企业、省级星创天地，是集侗族文化资源开发、设计、制作、推广于一体的文创发展公司。在知识产权方面，侗脉公司注册商标达到 11 件，拥有 2 件软件著作权、6 件作品著作权，并有 24 件外观设计专利申请。目前，文坡村的侗锦文化产品年销售额约达 420 万元。侗脉公司在产学研合作中聘请当地贫困妇女，她们通过纯手工编织的工作方式参与合作，使得家庭年平均收入由 9000 余元提高到 30000 余元，带动全村千余人走上致富路。侗脉公司的新型产学研合作模式是企业、高校、合作社和农户等各方强烈合作意愿的综合体现，在资金、人才、技术、文化等方面实现资源互补。产学研合作中生产力的转化尤为重要，高校作为高层次人才培养的核心区域是企业技术创新的基石，不断地为创新提供原动力。

2. 产学研促科技成果转化的具体措施

侗脉公司与湖南大学开展产学研合作，并且二者共同与怀化通道侗族自治县牙屯堡镇文坡村建立了合作关系，以产学研合作为基础，政府还给予了一定金额的经费补助，同时实现开放共享服务。在产学研合作过程中，湖南大学提供人才智力支持，负责设计、研发等工作；企业在产学研生产力转化中承担调研、研发、设计、销售等职责，而合作社与农户在产学研生产力转化中，为实现成果的快速转化以及改进生产工艺与提高产品质量作出了贡献。侗脉公司探寻的产学研合作模式既符合公司自身发展，也符合客观现实条件与农户主观意愿，这种产学研合作增强了企业自身实力，推动了人才升级，实现了乡村振兴。此外，依托产学研合作，侗锦传习所、侗锦坊、侗锦博物馆等在文坡村相继建立，当地的非遗文化得到了持续发展和传承，并且不断提升影响力，吸引了外来游客走进乡村。产学研合作不仅实现了各方的合作目标，还推动了乡村旅游，以另一种方式促进了乡村振兴的实现。

3. 企业产学研合作主要模式特点

侗脉公司在通道横岭村、文坡村、洞雷村建立了生产基地，与当地的织娘们建立了长期的合作关系，利用可持续的手工作业方式，让村民们在家门口就能实现文化资源价值化，带动了村民就业，促进了乡村振兴。侗脉公司形成的企业＋高校＋合作社＋农户的新型产学研合作路径突出了侗锦特色产业，集合了企业、高校、合作社和农户等多个主体，并在合作中充分发挥各自优势。例如，侗脉公司在产学研合作中帮助侗族文化资源价值化，使文化资源生产成果适应市场需要，从而实现价值化；湖南大学在产学研合作中提供设计支持，帮助企业对在文化资源转化过程中遇见的难题进行设计再造；合作社在产学研合作中集中整合农户资源，提高合作与沟通效率，协调农户与企业之间的合作关系，确保农户生产的合作产品符合标准，保障农户在产学研合作中的权益问题等；农户在产学研合作过程中给企业与高校提供了丰富的手工设计类实践经验，为研究提供了大量的侗锦样本数据，为设计成果转化奠定了坚实基础。

（二）翱康公司产学研合作模式分析

1.产学研促科技成果转化的基本情况

湖南翱康生物科技股份有限公司（以下简称翱康公司）成立于 2016 年，是一家集全产业链于一体的生物科技公司。2018 年，翱康公司被评为国家高新技术企业、国家级星创基地企业、湖南省现代林业特色产业园以及怀化市龙头企业。其主打产品溆浦瑶茶荣获中国国际农产品交易会产品金奖、中国（上海）国际产业茶博览会银奖、武陵山（怀化）国际健康产业博览会优质产品奖。目前，翱康公司申报的发明专利达 18 个、商标信息 37 个、作品著作权 1 个。翱康公司还积极开展产学研合作，与湖南农业大学共同申报构建湖南省溆浦瑶茶工程技术中心，以促进技术攻关，实现产业振兴。

2.产学研促科技成果转化的具体措施

翱康公司将溆浦瑶茶作为首推产品，与中国林业科学研究院、湖南农业大学、怀化学院等高校、科研院所进行深度产学研合作,以溆浦瑶茶全产业链研发为目标,积极探索适合自身发展的产学研合作新路径。各方围绕利用溆浦县丰富的中药材资源来升级产业链产品,通过产业振兴带动乡村振兴,为实现产学研合作提供了多元的路径选择。翱康公司在与中国林业科学研究院开展的产学研合作中,期望中国林业科学研究院能为溆浦瑶茶的种植与培育提供智力和人才支持;翱康公司还与怀化学院在木姜叶柯和多穗石柯叶的创新及加工工艺方面开展产学研合作,共同构建产学研合作平台,有力地推动了农业与中药材产业以及乡村经济的高质量发展,将科研、市场和民生紧密结合,通过产学研合作带动了村民脱贫致富,实现了乡村振兴。

3.企业产学研合作主要类型特点

翱康公司以科技创新为产学研合作的发展纽带,致力于搭建产学研合作平台以进一步促进科技成果转化,汇聚创新资源,持续推进产学研合作创新。翱康公司在与怀化学院开展的产学研合作中申请了多项发明专利,具体包括一种多穗柯发酵茶的制备方法及其制得的多穗柯发酵茶发明专利、一种多穗柯茶条活力的保存方法及应用发明专利、超声波提取和树脂纯化多穗柯叶中甜味剂的方法发明专利、一种多穗柯颗粒的加工方法发明专利、一种木姜叶柯紧压茶及其制作方法发明专利、用于构建木姜叶柯 DNA(脱氧核糖核酸)指纹图谱的 SNP(单核苷酸多态性)分子标记发明专利、一种防治神经退行性疾病的新型药物发明专利、一种甜茶加工工艺发明专利、一株无芽孢短小杆菌及其应用发明专利、一株短小芽孢杆菌及其应用发明专利等。二者合作的溆浦瑶茶优良种质资源筛选及深加工关键技术研究，为公司新增利润 500 余万元。翱康公司还与中国林业科学研究院签订了科研合作协议《溆浦瑶茶新品系筛选与繁育技术研究》，围绕服务地方发展，加快科技成果转化，整合各方资源，降低合作成本，为溆浦农业产业发展贡献智慧与力量。

三、共建技术实验室的案例

共建技术实验室模式是指由企业、高校和科研院校共同组建实验室，通过整合资源、明确分工，集中力量对特定技术领域进行研究开发。在这种模式下，企业为高校和科研院所提供资金支持、市场需求信息和产业化渠道，而高校和科研院所为企业提供丰富的学术资源、专业人才以及带来前沿技术探索和深入科研经验的基础理论研究能力。为攻克关键技术难题，促进技术进步和应用转化，各方紧密合作，在技术实验室开展协同创新工作。

（一）正清公司产学研促科技成果转化分析

1. 产学研促科技成果转化的基本情况

湖南正清制药集团股份有限公司（以下简称正清公司）创立于 1992 年，是一家从事医药产品生产、研发、销售的国家高新技术企业，是农业产业化国家重点龙头企业、国家中药现代化高科技示范企业。企业位于怀化市高新区，建有中药材种质资源圃、种苗快繁基地、药源基地、原料药厂和八条制剂生产线，属于湘西制药行业中规模较大，实力较强的研发企业，是青风藤产业研发的发源地。

正清公司在研发平台的构建上构建了包括刘良院士工作站、青风藤研究院及参建的国家中药新药技术创新中心在内的"一站一院一中心"的科研平台，在全国具有领先地位。中国工程院院士、澳门科技大学荣誉校长刘良教授为正清集团首席科学家，钟南山院士任青风藤研究院战略咨询委员会主席。2012 年，正清公司与刘良院士紧密合作，合作项目"抗关节炎中药制剂质量控制与药效评价方法创新及产品开发"获国家科学技术进步奖二等奖，填补了我国中药缓释剂的空白，是湖南首个获得国家科学技术进步奖的国药准字号药品，也是我国抗关节炎中药制剂中第一个获得国家科学技术进步奖的药物，湘澳产学研的一段佳话推动了中药行业缓释新剂型的发展。2020 年，正清公司与刘良院士合作研究的"一种制备盐酸青藤碱方法"获湖南省专利奖三等奖，为积极开拓中药国际市场开辟了新通道。正清公司与刘良院士的紧密合作为企业自主创新提供了强大的科研支撑，近些年来，正清公司取得了 135 个产品生产批文、23 个新药及仿制药、累计获得发明专利授权 46 项、4 项国家质量标准制定与 14 项各级政府科技进步奖项，为国家中药缓释剂的发展奠定了基础，为全面开展产学研合作取得了三赢局面。

2. 产学研促科技成果转化的具体措施

（1）加强人才培养。人才是推动国家发展的基石，是企业发展的核心要素，对推动企业技术创新发展、实现企业产品创新升级与服务地方发展具有重要意义。深入的产学研合作为企业提供了优秀的人才资源，也为其在企业实践中提供了实现自我升级的场所。例如，2012 年，正清公司与湖南中医药大学开展产学研合作，就人才培养、成果转化、新产品研发等达成拟合作协议，在项目合作过程中，企业与高校的人才交流提高了高校人才的自身素养；2014 年，正清公司与怀化学院深化产学研合作，就开展科学研究、工科应用型人才培养、共建科研平台和实训中心等提出设想，高校人才通过深入企业实践与管理实现从人才到应用型人才的升级转变。该模式不仅能够促进知识与技术的交流融合，加速科技成果的产出转化，为产业升级发展提供强有力的技术支撑和智力保障，还能为构建科技创新生态注入新的活力和动力，培养出具有跨领域综合能力和创新精神的专业人才。

（2）建设产学研合作平台。2020 年，正清公司联合广东省中医院和湖南中医药大学共建刘良院士工作站，实现人才紧密结合、相互促进，将科技成果快速转化为产业驱动力，实现企业升级与人才升级的双赢局面。2021 年，正清公司与湖南医药学院开展产学研合作，在科研平台建设、人才培养、科学研究等领域草拟了战略合作协议，签署了《湖南医药学院—湖南正清集团合作框架协议》《青风藤研究院联合共建协议书》《青藤碱治疗慢性肾炎作用机制研究技术服务合同》《盐酸青藤碱原料药杂质研究技术服务合同》等四份协议，通过全方位合作为企业提供了急需人才，实现了人才与资源的优势互补。中国工程院院士刘良担任"青风藤全产业链关键技术研究"课题的首席专家以来，正清公司通过建设产学研合作平台继续进行青风藤等中药材种质创新，通过中药材全产业链发展科技创新专项等科技项目。政府鼓励企业、高校、科研院所积极开展中药材全产业链研究项目，促进做优做强中药产业链；鼓励有关单位形成区域特色，打造特色中药材全产业链，充分发挥青风藤等中药材在怀化地区的资源优势和企业承接优势。从种植生产、提取加工、市场培育、网络发售等产业链环节，加强与中药材产业联盟的交流，开展联合攻关。

3.企业产学研合作主要模式特点

近年来，医药行业的创新能力发展迅猛，正清公司在中药制药方面的发展潜力巨大，但企业自身发展资源较为单一，企业通过联合高校资源、科研资源的协同创新有效创造了资源互补、知识互补、技术互补的良好发展空间，在协同创新的发展过程中，企业可以获得人才资源、研究资源、信息资源、市场资源、政策资源等方面的资源优势。正清公司积极把握产学研合作带来的发展优势，从企业自身的特点与优势出发，探索出了符合企业自身的产学研合作模式，为企业科技创新赋能。

企业产学研合作主要模式特点包括：①开展协同创新合作，通过与高校、科研资源联合形成资源、知识、技术互补，获得多方面资源优势。从自身特点与优势出发，探索适合自身的合作模式以赋能科技创新。②开展广泛的合作，与多所国内外高校、科研院所及行业组织展开密切交流合作，合作范围广泛。正清公司推动中药"产、学、研"深度融合，形成了多方面、多层次、全产业链的发展格局，帮助怀化地区的中医药企业"引进来、走出去"，大力开拓国际市场。实施以来，相关单位为推动中药材科研生产关键技术突破，组建了青风藤研究所。③开展深入技术合作，加强区域合作。

与部分高校深入产学研合作，如与澳门科技大学、德国美因茨大学药物药理研究所谋划共建青风藤国际联合中心，制定相关指南，建立标准规范并开展深度合作及人才培养等。正清公司加强怀化与澳门中医药产业技术创新，依托怀化优质中药材种植加工优势，借助产学研合作等平台，大力推进种植养殖、成分提取等中药材产业融合发展，充分发挥各自优势，打造中医药产业集群，加强区域合作。

4.产学研促科技成果转化取得的成绩

正清公司自成立发展以来，产学研合作水平逐年上升，且处于行业组织前列。正清公司分别与德国美因茨大学药物药理研究所、北京大学、西安交通大学、澳门科技大学、湖南农业大学、天津中医药大学、湖南中医药大学、广州中医药大学、湖南医药学院、怀化学院、世界中医药学会联合会、湖南省中医药研究院中药研究所等展开密切的交流合作，并与其中多所高校开展了深入的产学研合作。"青风藤全产业链关键技术研究"项目取得了丰富的阶段性成果，申报发明专利16项，授权发明专利5项，发表论文17篇，建立了湖南省首个中药材青风藤ISO国际标准与3项临床行业标准。通过全产业链的强力支撑实现了产值、收入、税收的大幅增长，产生了较大的经济效益和社会效益，起到了较好的示范带动作用。此外，正清公司取得了进入中试放大和药理毒理研究阶段的青藤碱活性衍生物3个、正清风痛宁新药3个、二类医疗器械1个的小试研究；先后培养高级工程师6名，各类专业技术人员12名；还对正清风痛宁治疗类风湿性关节炎的药理机制和人体代谢规律、慢性肾病、免疫抑制作用等进行了系统研究与阐释；建立了优质高产青风藤栽培技术体系，研究制定了《ISO4154：2022 中医药—青风藤》国际标准，该标准的制定对于进一步提升湘药品牌影响力、推动中药海外传播、湖南中医药强省建设和湖南国家中医药综合改革示范区建设具有重要意义。"青风藤全产业链关键技术研究"项目引导两地中医药产业在中药材产品创新上协同合作。

5.产学研合作的典型案例分析

近年来，为充分发挥企业服务功能与高校研究能力，正清公司与多所高校开展战略合作。其旨在弥补企业人才资源、研究资源的不足，通过搭建产学研合作平台以促进企业、高校与研究机构的协同创新，进而加快企业解决核心技术难题的速度，提升企业研发攻坚能力。同时，正清公司构建的刘良院士工作站、国家中药新药技术创新中心为企业加快国际化进程奠定了优势。

（1）"企业与多所高校联合打造创新技术平台"模式。

企业开展产学研合作是近年来成熟企业推动自身创新发展的有效手段，以往的产学研合作模式是指企业作为技术需求方与高校等技术供给方之间的合作，而正清公司突破以往传统模式，不仅将企业作为技术需求方，还作为技术供给方，构建了一个集科研院所、政府、企业等创新资源于一体的科研创新大平台。2019 年，正清公司与澳门科技大学、北京大学药学院、西安交通大学药学院、湖南农业大学、天津中医药大学、世界中医药学会联合会、湖南省中医药研究院中药研究所、怀化学院、湖南医药学院共同组建了湖南省首个以单味中药材品种命名的研究院——青风藤研究院。青风藤研究院涵盖了资源保障研究中心、产品中心、标准研究中心、创业创新服务中心、临床研究中心与化学生物研究中心，形成了一条完整的中药产学研协同创新发展新路径，确保了科研方向的科学性。实现科技成果转化既需要坚实的研发基础、丰富的科技成果与充足的技术人才，也需要充裕的研究资金。在产学研合作中，正清公司秉持"不求所在，但求所用，成果所有，利益共享"的合作理念，构建了以企业为核心的"产学研合作创新平台＝人才资源＋企业资源＋专家智慧"，并进一步打造了以正清风痛宁等企业高质量产品为核心的青风藤全产业链。

（2）产学研合作助力农业全产业链经营模式。

正清公司积极开展产学研合作，其作为国家农业产业化重点龙头企业，积极打造种植、生产、销售、药医结合的全产业链经营模式，实现了企业整体价值的大幅提升。在青风藤产学研合作研究中，正清公司组建科研创新团队，建立了集基础研究、产品研发、产业创新、人才培养等多方面于一体的产学研合作平台。在基础研究方面，产学研合作带动了青风藤原料的大量需求，为从根本上解决公司医药原料短缺问题，正清公司加速推进国内最大青风藤种植基地的建设。正清公司积极探索"企业＋村基地＋农户"的产业发展模式，以稳固正清中药材全产业链基础，带动数万农户实现稳定增收致富，推动乡村振兴，激活乡村振兴新动能。中医药产业的发展有利于拓宽农民就业渠道，保障药材增产，发展地方特色经济，吸引大城市资金投入，解决青年返乡就业等问题，还能够有效扩大农村中医药产业规模，为振兴乡村经济、促进农民增收、让农民过上富裕生活提供有力支撑。

（二）补天公司产学研促科技成果转化案例

1.产学研促科技成果转化的基本情况

湖南补天药业股份有限公司（以下简称补天公司）成立于2005年，被评为国家高新技术企业、湖南省农业产业化龙头企业、湖南省林业产业化龙头企业、中国医药企业成长50强企业，是一家集中药材茯苓种植、研发、生产、加工、销售的全产业链制药企业。补天公司以茯苓为主打产品，不仅拥有三大核心发明专利，包括选育茯苓新菌种"湘靖28"、创新"茯苓袋料栽培"与发明"液相不震荡工艺制备高取代度羧甲基茯苓多糖"，开发了三大系列产品，包括茯苓药品系列、茯苓食品系列、茯苓化妆品系列，还建立了三大茯苓生产制造基地，制定了有关茯苓种植、加工《湖南省地方标准》。目前，补天公司拥有20余项国家发明专利和5项国家及行业科技进步一等奖，主持或参与国家、省市科研及产业化项目10余项。补天公司与中国中医科学院、湖南省中医药研究院及国内多所中医药高校建立产学研合作关系，以实现优势互补。

2.企业产学研合作模式主要特点

补天公司自成立以来，高度重视产学研合作，与中国中医科学院、中国医学科学院、北京大学、清华大学、北京中医药大学、湖南中医药大学、湖南省中医药研究院、湖南农业大学、怀化学院、美国加州大学医学院等多所高校和科研院所开展紧密的交流及合作，建立了多层次、多领域的成果转化研发团队。补天公司成立了湖南省认定企业技术中心、湖南省茯苓工程技术研究中心、植研氏护肤系统创新研发中心和湖南补天医药研究院，通过开展深度产学研合作，实现科研创新，加快科技成果转化。此外，补天公司与怀化学院开展产学研合作，建立了湖南省高校民族医药研究与开发产学研合作示范基地，以企业需求为核心，开展民族药用植物资源基础应用研究，促进高校和企业人才互动升级。补天公司还与中科院昆明植物所等开展合作课题，同湖南中医药大学、湖南省中医药研究院共同组建茯苓关键技术研发中心，推动民族、民间药物产业化，实现产业升级。补天公司为加大科技创新投入、提升企业科技创新能力、推动产业产品提质升级等，继续深入开展产学研合作。补天公司在产学研合作中始终以中药产业为核心，将高校和科研院所的人才优势、技术优势与企业的产业优势相结合。其同湖南省中医药研究院开展深度产学研合作，获得省科技厅高新技术产业科技创新引领计划（科研攻关类）项目立项，为公司的产业发展再添强劲动力。

四、联合培养人才模式案例

产学研合作联合培养人才模式是指产业界、高校和科研院所之间紧密合作，共同致力于人才培养的一种模式。在这种模式下，高校和科研院所利用自身的教育资源与科研实力，为学生提供系统的理论知识和科研训练；产业界则为学生提供实践机会、真实的工作场景和市场需求信息等。这种联合使培养出来的人才既具备扎实的专业理论知识，又拥有较强的实践能力和创新能力，能够更好地适应科技成果转化和产业发展的需求。同时，这种合作模式也有利于促进不同领域之间的交流与融合，推动科技成果从研发到应用的快速转化，实现多方共赢。

（一）酒鬼酒公司产学研科技促成果转化案例

1. 产学研促科技成果转化的基本情况

湘西州酒鬼酒股份有限公司（以下简称酒鬼酒公司）前身为吉首酒厂，始建于 1956 年，是中国洞藏文化酒的首创者、湖南省农业产业化龙头企业、湖南省唯一央企酒类上市公司，已成长为湘西州最大的工业企业。酒鬼酒公司是以企业为主导的产学研合作模式。目前，酒鬼酒公司希望通过产学研合作平台的搭建，加深企业现代生产力与高校科技成果转化的关系，联合培养应用型人才，构建酒鬼酒公司专业人才体系建设，推动企业创新与成果转化，并提出成为一家"具有差异化竞争优势的中国精品酒企"的战略目标。酒鬼酒公司一直重视与国内高校、科研院所等的密切沟通和合作，在"十三五"与"十四五"期间同中南大学、湖南农业大学、吉首大学、四川轻化工大学、茅台学院、湖南财政经济学院、中粮集团营养健康研究院等国内高校、科研院所一直保持着密切的合作与联系。2020 年，酒鬼酒公司与中南大学商学院共建了研究生联合培养基地，旨在统筹优质资源，让高校与企业进一步地紧密结合起来，实现知识共享、技术共享与资源共享，以保证酒鬼酒公司的技术居于世界前沿。

2. 产学研促科技成果转化的具体措施

在人才培养方面，酒鬼酒公司聘任中粮酒业副总经理、酒鬼酒公司副董事长郑轶与酒鬼酒公司副总经理、董事程军为中南大学研究生兼职导师，为产学研合作中科研方向的选择提供了更具实际应用价值的导向作用，使高校与企业更进一步地紧紧联系在一起，对推动产学研合作项目的开展与加快科技成果转化和应用具有更深层次的价值。2022年，酒鬼酒公司与湖南农业大学食品科学技术学院共建了"湖南农业大学产学研合作基地"与"湖南农业大学教学科研基地"的产学研合作平台，以推动高校科技成果转化与企业品质升级为目标，产学研的高效对接对促进酒鬼酒公司创新能力的发展与现代生产力的提升具有现实价值。近年来，酒业行业的竞争愈加激烈，行业层级愈加分明，只有创新才能使企业在竞争激烈的市场中脱颖而出。酒鬼酒公司根据自身的行业特点与优势，积极探寻产学研合作的核心要义，为酒鬼酒公司的现代化发展探寻出了适合自身发展的新型产学研合作发展模式与机制。

中粮集团营养健康研究院位于北京，是中粮集团核心研发机构，是国内首家以企业为主体的研发中心，为酒鬼酒公司的品质创新与技术创新提供技术支持。在"馥郁香白酒风格体系构建及关键工艺智能化示范"项目中，二者拥有已授权国家发明专利2项、实用新型专利1项、软件著作权1项、发表文章3篇等。湖南农业大学与酒鬼酒研发中心展开合作，为"百酿馥郁，妙境天成"全新品牌形象赋能，利用技术优势为酒鬼酒公司提供品牌形象咨询、开发服务；根据酒鬼酒公司需求，为酒鬼酒公司提供品牌形象资源与建议。技术创新需要将良好的创新环境、多角度的激励政策、全方位的高质量人才相结合，而产学研合作将人才资源、市场资源、政策资源等相结合，这是企业在现代化创新发展中的必然选择。市场的核心在于竞争，差异化竞争要求企业具备不断的发展创新能力，近些年来，酒鬼酒公司十分重视培养复合应用型人才，通过产学研合作促进企业人才升级，通过知识更新、资源共享等带动企业创新发展，迎合市场需求，提高企业的核心竞争力。

3. 企业产学研合作主要模式特点

（1）创新驱动性特征。酒鬼酒公司明确企业内部研发方向，提升创新能力，推动企业在市场中保持竞争力，契合创新发展要求。有效的产学研合作能让酒鬼酒公司内部研发内容更加清晰，研发经费分配更加准确。在节省了许多研究力量与经费的同时促进了企业创新能力的提升，也契合了企业创新发展的时代要求，是推动高质量经济发展的第一步。酒鬼酒公司能够走在国内白酒行业前列，除了其优越的地理环境、超前的包装设计、优良的卓越品质外，最根本的原因在于将技术创新作为企业发展的首要条件。

（2）资源整合性特征。酒鬼酒公司有效整合人才资源、市场资源、政策资源等，为企业技术创新创造良好条件。酒鬼酒公司近年来把产学研合作作为技术创新的重要来源，和多个高校、科研院所开展密切交流与合作，认识到产学研合作中的知识生产、知识传播、知识共享等为企业提供了市场竞争的核心动力——创新，其在现代化市场中通过产学研合作来联合培养复合应用型人才，为人才升级、技术创新提供源动力。

（二）丰达公司产学研促科技成果转化分析

1.产学研促科技成果转化的基本情况

湘西自治州丰达合金科技有限公司（以下简称丰达公司）成立于2007年，是科技部国家湘西锰深加工高新技术产业基地核心企业，是湘西州唯一的"国家火炬计划重点高新技术企业"，已成长为全国前列的高新技术企业。目前，丰达公司将锰深加工技术作为产业技术目标，将产业链向锰的下游产品延伸，从一个集锰基和销售于一体的企业升级为一个开发锰合金材料、氮含量设计、金属粉末黏结技术等的大型企业。丰达公司自成立后，积极开展产学研合作，同北京科技大学、吉首大学等多所高校有着密切的交流与合作。丰达公司研发中心紧紧围绕"研发、示范、推广"三大任务同吉首大学、北京科技大学合作，对锰精深加工的关键技术、共性技术进行研究与开发，通过将人才资源、科研资源与生产资源相结合，有效地提高了科研效率，降低了研发成本。

丰达公司在科技创新方面取得了卓越的研发成果，相继获得由湖南省科学技术厅颁发"高氮氮化锰制备新技术研发与应用"收录证书、"高氮氮化锰制备新技术研发与应用"科技成果登记证书；中国科学技术信息研究所颁发"中日巴西合作开发高性能锰铝合金材料"报告收录证书；国家知识产权局颁发"一种高效节能的氮化锰生产工艺"发明专利证书、"一种新型高纯氮化锰生产装置"发明专利证书。丰达公司作为产学研基地，在产学研合作过程中也积极探索出了适应自身发展的产学研合作模式，根据自身的优势与发展需要构建出企业主导、分工合作的产学研良好合作环境，打造出了一支产学研联合的高水平研究队伍，提升了企业科技创新能力，也培育出了新经济增长点。

2.产学研促科技成果转化的具体措施

丰达公司与吉首大学的产学研合作对于丰达公司的发展起到了积极的推进作用。丰达公司产学研基地与吉首大学化学化工学院的产学研合作实践取得有效进展。首先，二者共同建立了校外实践教学运行机制，以强化产学研合作。在产学研基地设立四大实践教学模块，包括综合实习（实行企业高校"双导师"指导学生在企业完成实习任务，时间为两周）、生产实习（实行企业高校"双导师"指导学生在企业完成实习任务，时间不少于七周）、工程素质基础训练（实行企业高校"双导师"在企业指导学生，时间为两周）、毕业论文（实行高校企业双导师在校内指导帮助学生完成毕业论文，时间为八周）。其次，丰达公司产学研基地与学院开展的相关课题研究进一步深化了校企产学研合作，更深层次地对企业创新发展进行了实践研究，为企业发展提供了全方位、多渠道的选择。最后，丰达公司产学研基地的成立是企业可持续地培养输送复合型人才的源头，人才资源是推动企业发展的一大核心，产学研合作平台的建立能够为企业人才升级注入新的活力。

3.企业产学研合作主要模式特点

丰达公司产学研合作采用多样化的合作模式，主要分为以下两种：

（1）"双师型"企业资助合作模式。丰达公司以资助等方式协助高校根据企业发展的需要进行科研研究，增强企业与高校的良性互动，在获取知名度的同时能够推动企业的科技赋能，化知识为财富。丰达公司的产学研合作模式在其他企业产学研合作上都有所体现，表现为以企业为主的产学研合作模式，这种模式目的明确，容易产生市场化的经济效果。

（2）"双向型"企业指导合作模式。丰达公司以高校为主体，与高校进行知识和人才的交流与互动，辅助高校进行人才培养；高校聘请丰达公司产学研基地的技术人员为企业指导及教师，提高了高校人才的知识应用能力与技术实现能力。此合作模式主体职能清晰，可以使双方共享资源、共同发展。丰达公司产学研合作成功的经验证明，产学研合作通过对高校资源、企业资源、科研院所资源的有效整合，推动了企业技术创新、加快了产品升级、提高了企业核心竞争力，是企业、高校与科研院所适应现代化发展的必由之路。

第二节　高校产学研与科技成果转化案例
——以怀化学院为例

我国高等教育进入大众化阶段后，竞争态势日趋激烈，各高校尤其是地方高校在明显感到面临生存危机的同时，也加快了自身的发展。新形势、新挑战对高等教育事业发展提出了新的要求，我们的教育事业面临着新的挑战。高校如何立足本地，在服务区域经济社会、增强服务功能上发展特色，积极探索与地方经济有机结合的道路，成为当前高校迫切需要破解的难题。

怀化市在长期的产学研实践中，摸索出了合作开发项目模式、技术入股项目模式、联合培养人才模式、官产学研联合模式、大学生创业园模式等与地方经济社会发展相适应，具有鲜明特色的产学研合作模式。

一、合作开发项目模式

以高校为主导的合作开发项目模式一般为企业委托高校进行项目开发、企业与地方高校联合进行开发。产学研主体中的企业投入资金，高校或科研院所投入技术、人力、设备等，共同就进行某一项目开展的科研攻关，这种模式对于产学研主体的资源共享和优势互补有益。其不仅有效地分散了科技项目研发的技术风险，而且大大加快了科技成果商品化、产业化的进程，企业的资金、设备投入汇聚到一起为科技创新活动的开展提供了强大的保证。产学研合作的具体合作内容，表现为以科技项目研发为基础。高校与企业在合作过程中，以协议为纽带，合作方式由松散型向紧密型转变，合作效益由低端型向高端型转变。这种模式的持续性潜力非常大，这得益于高校的主体作用。下面以此为重点进行案例分析。

案例一　与湖南千源铝业公司合作

近年来，怀化学院与湖南千源铝业有限公司（以下简称千源铝业）积极开展"产学研"合作，成立了"企业技术中心"、湖南省怀化市"全铝智能制造家居材料工程技术研究中心"等，在行业创新方面走在了前列。"湖南省再生铝工程技术研究中心"由怀化学院化学与材料工程学院和千源铝业于2022年联合申报获批。怀化学院欧阳跃军以原企业团队为基础，通过委托研究、合作研究等方式组建了新的湖南千源铝业新材料科技创新创业团队，建立了以"专家领航＋创新团队"为培养组织模式的团队。项目围绕再生铝合金化技术、半固态浆料制备与调控、多级时效处理技术等领域，将高校人力和技术资源纳入团队研发体系，随着应用研究的深入，怀化学院黄新华、舒友、向德轩等科研人员陆续加入，逐渐形成研究方向稳定的团队。

千源铝业致力于打造"废铝回收—加工利用—废铝再循环"绿色循环产业链，是湖南省铝型材行业领军企业，是集铝合金研发、生产、销售为一体的综合性大型民营企业，其建筑环保型铝表面处理科技创新人才团队于2018年获得怀化市重点产业科技创新人才团队称号。2017年以来，怀化学院技术团队深入千源铝业进行技术研发，攻克了再生铝合金熔铸及热处理技术、挤压成型技术、铝合金防腐技术、环境友好功能材料等方面的技术难题，共解决关键技术瓶颈38项，推动了产品质量的提升，使其达到了国内先进质量水平，在产学研合作中提升了技术供给能力，使千源铝业一跃成为湖南省铝型材行业领军企业。至此，该团队通过技术创新，使多项铝产品附加值突破关键技术瓶颈。

此外，怀化学院化学与材料工程学院建立了专业教师到行业轮训制度，吸收企业有实践经验的优秀人才为外聘教师到怀化学院进行技术交流，同时每年安排教师到相关的企业接受材料技术技能培训以及顶岗实习，怀化学院材料学专业汇集了一批具有较强科研能力和实际应用能力的青年教师，研发出技术含量达到国家先进水平的新型材料，如欧阳跃军教授作为湖南千源铝业股份有限公司的技术总顾问，带领团队重点研究和解决环保铝替代木质产品的铝表面处理问题。

二、技术入股项目模式

在高校的产学研合作中，高校将科技成果作为一种出资方式与实物、货币、固定资产等形式的资产相结合，以换取企业股份，可以有效地实现科技成果转化中的资源、人才、技术、资金等方面的优化，而对高校科学研究人员而言，是一个有效的方式，可以将高校的科技成果转化成公司的股份。

案例二　与海南星际宇航南繁公司合作

海南星际宇航南繁科技有限公司在与怀化学院的合作中转让 19% 股权给怀化学院。怀化学院与海南星际宇航南繁科技有限公司于 2021 年签订了《海南星际宇航南繁科技有限公司股权转让协议》。根据协议，校企双方将成立"中国海南全球四棱豆种质资源繁育中心""海南星际宇航南繁科技有限公司怀化学院四棱豆科研究工作站""海南星际宇航南繁科技股份有限公司四棱豆科研究专家工作站"等科研机构，并在协议中约定海南星际宇航南繁科技有限公司向怀化学院转让其持有的本公司 19% 的股权等。该项目由始终致力于"四棱豆种质创新及其推广应用"研究并取得重大学术成果的陈东明教授担任研究机构负责人。目前，该项目已在海南星际宇航南繁科技有限公司进行全球四棱豆种质资源的采集与整理，选育并建立四棱豆全球种质资源库和四棱豆太空种子种质资源库。现已生产示范推广四棱豆优良品种达 2 万多亩，产值突破 4 亿元，在全国 10 多个省（市、自治区）取得了显著成效。海南星际宇航南繁科技有限公司成立于2021年，注册资金1000万元，经营范围为农业科研与试验开发、技术转让、技术咨询、技术服务、技术推广；生物农业工程技术研究服务、培育种子种苗、农作物病虫防治、中药材种植与研究开发等。

此种合作模式充分体现了高校与企业资源整合的优势，为科技成果的高效转化搭建了良好平台，有力推动了四棱豆相关产业的发展；通过股权转让和一系列科研机构的设立，进一步促进了怀化学院与企业间的深度合作，加速了四棱豆研究成果的产业化进程；陈东明教授的技术引领以及海南星际宇航南繁科技有限公司的产业支撑为科技成果转化提供了有力保障，也为类似项目的开展提供了成功范例。

三、共建技术实验室模式

前文"企业产学研与科技成果转化案例"部分已对共建技术实验室进行了介绍，此处不再赘述。

案例三 与湘维公司共建工程实验室

怀化学院联合湖南省湘维有限公司在2015年12月共建聚乙烯醇（PVA）纤维材料制备技术湖南省工程实验室，该实验室是经湖南省发展和改革委员会批准建立的，是我国首家专业从事PVA纤维及功能材料制备工程技术研究的省工程实验室。目前建设有材料物理性能测试、扫描电镜、计划建设、PVA纺丝、PVA膜材料、PVA水凝胶与复合材料、PVA热塑材料制备与成型、PVA复合材料相关的实验室。实验室围绕PVA系列产品创新和生产技术进步所需的工程技术问题开展研究，以中国PVA产业发展需求为导向，重点突破一批具有市场前景的新产品、新技术、新工艺的关键技术，促进企业生产技术进步和产品更新换代。同时，实验室还为企业培养高素质的工程技术研发人才提供咨询和技术服务，为PVA生产企业的技术创新提供技术服务。怀化学院与湖南省湘维有限公司共建的省工程实验室推动了PVA纤维材料相关技术的研究与创新。该实验室围绕PVA系列产品开展研究，促进了企业技术进步和产品更新，对区域产业发展有积极作用。其为企业培养人才并提供技术服务，助力区域创新，对PVA产业的区域创新有重要影响。

聚乙烯醇（PVA）纤维材料制备技术湖南省工程实验室在科技成果方面取得颇丰的成绩，如怀化学院刘炎云博士、刘益林博士，先后以第一作者的身份在国际期刊 *Nature* 的子刊《自然－通讯》（*Nature Communications*）和美国化学会期刊 *Organic-Letters* 上发表论文。"水转印""大规模绣花"由张再兴博士主持研发并提供关键技术的科技成果"低温水融膜材料"在怀化市国家级高新区投资建厂。舒友博士将聚乙烯醇材料与聚乳酸复合，获得"热塑性聚乙烯醇材料及其方法"等4项专利，制成可完全降解的薄膜和异型材料。胡扬剑教授研究出有利于生态修复和生态保护的聚乙烯醇（PVA）凝胶。由赵子健教授团队研究的免漆生态板研发及产业化项目，授权发明专利10项、实用新型专利9项，应用于湖南寰宇新材料科技有限公司产品后，企业成本降低，提高了产品的环保等级。这些科技成果的涌现与转化，加强了产学研合作，为怀化市打造了良好的创新生态和发展环境，为怀化地区相关产业的发展提供了强大的技术支撑和创新动力。众多博士及教授的科技成果成功转化有效促进了怀化市科技与经济的紧密结合，推动了区域经济的发展。

案例四 共建智能制造工程技术中心

怀化学院智能制造工程技术中心产业是大研机器人智能科技（东莞）有限公司、专精特新企业（国家级）、控制科学与工程应用特色学科、武陵山片区生态农业智能控制技术湖南省重点实验室共同建立的应用科研院所。由米贤武教授担任团队技术带头人，郭雷博士担任中心主任。中心开设产业应用研究室、智能制造综合生产车间、机器人本体车间、综合测试室，拥有博士学历、副教授以上职称人员8人，下设技术研发团队、实践教学团队、合作企业群三个部分。怀化学院在全区范围内选择了"教学实习基地""科研合作基地"等多家大中小型企事业单位进行培养，一方面，实习、实训促进了应用型人才的培养；另一方面，人才培养也为下一步学生就业开辟了一条宽阔的通道。该中心立足于企业的实际需求，紧跟经济社会发展的形势，积极组织学生参加各类学科竞赛和创新创业大赛，如"挑战杯"湖南省大学生课外学术科技作品竞赛、"互联网＋"大学生创新创业大赛等。该中心先后与中国电子科学研究院、北京北斗星通导航技术股份有限公司、大唐移动通信设备有限公司等十多家企业签订了实习就业、实验室建设、合作办学等协议，实现高校与合作企业深度对接，构建校企合作育人共同体的运营机制。智能制造工程技术中心依托怀化学院物电与智能制造学院，主要围绕电子信息技术研究方向、工业机器人应用研究方向、服务机器人技术研究方向、通信技术方向、智能变电技术方向、电力电子技术方向等领域开展科学研究。

目前,物电与智能制造学院教师主持或参与国家自然科学基金项目5项、省自然科学基金项目152项,主持完成省部级科研教学改革项目10余项,师生获国家发明专利、实用新型专利和软件著作权297项,有217篇学术论文在国内外重要学术刊物上发表。这些丰富的科研项目、专利成果以及学术论文,为科技成果转化奠定了坚实的基础,使产学研合作更具活力。对课程体系的改革和教材出版进一步打通了理论与实践的通道,为科技成果转化提供了有力的知识支撑和人才保障。积极的教学改革举措不断激发师生的创新潜能,促使更多科技成果能够顺利转化,为产业升级和区域发展注入强大动力。

四、联合培养人才模式

产学研联合培养人才模式是指将产业实践、学术教育和科研创新紧密结合起来的一种人才培养方式。 前文"企业产学研与科技成果转化案例"部分已对联合培养人才模式进行了介绍,此处不再赘述。

案例五　与昆山杰普公司联合培养人才

昆山杰普软件科技有限公司是一家专注于IT(信息技术)教育领域的公司,其致力于高端人才培养和产品研发,涉及物联网、移动互联、电子商务和大数据云计算等多个领域,是一家提供全套服务于中国高校的教学方案设计咨询、高端IT技术培训、项目实习孵化、大学生就业实习的提供商。2007年怀化学院计算机科学与工程学院和该公司就学生实习实训等方面展开合作，多年来，校企双方在"2+2""3+1"等校企合作应用型人才培养模式方面进行了积极的探索与实践，共建了"实训基地""大学生创新训练实践基地"。2014年，昆山杰普软件科技有限公司经怀化学院申报，被授予"湖南省普通高等学校计算机应用型人才培养基地"，通过校企合作，计算机专业学生实现精准就业，高薪优质就业。合作方式：昆山杰普软件科技有限公司每年承担怀化学院计算机科学与技术专业、网络工程专业、软件工程专业的指导任务，并选派经验丰富的技术人员进行指导，其中8人担任了怀化学院兼职教师，另有10人对怀化学院师生的实践教学活动进行了多种不同形式的指导。同时，该公司多次接受学校邀请，来校举办各类专业讲座。校企双方自建立校企合作关系以来，互为补充，强强联合。

2014年怀化学院与昆山实行人才互派制度，包括两个方面：一是上海杰普软件公司人才派出制度，二是怀化学院人才派出制度。其中，上海杰普软件公司人才派出制度的基本内容包括公司每年选派几名一线研发部门技术人员担任课程教学工作，作为学员"职业导师"，就项目管理、软硬件开发技术、网络运维与优化、系统架构从专业实际角度、结合自身经验引导学生学会从社会需求出发，提升专业实践能力，在实际工作中提供专业指导和咨询。怀化学院人才派出制度的基本内容包括学院每年选派相关专业教师到上海杰普软件公司负责技术培训工作，以提高杰普公司理论水平及业务能力；每年选派专业教师进入杰普公司进行三年轮训，以达到计算机工程专业教师成为"双师型"教师的目的。

合作成果：近年来，上海杰普软件公司共接待了上千名怀化学院师生参加，先后有20余名教师和600余名学生参与完成了200多项课题，共同承担省级课题2项、厅级课题3项，累计获得科研经费300余万元，发表学术论文50余篇。

案例六　与国际陆港经开区联合培养人才

2022年，怀化学院与怀化国际陆港经开区开展校地合作。怀化学院商学院运用OBE理念（成果导向教育），深度调研国际陆港区域产业发展对应用型人才的新需求，明确了国际陆港新商科专业群人才培养的核心能力，打造复合型实践基地，促进产教深度融合，紧盯人才需求，做优"全链条"人才服务。怀化学院跨境电子商务专业依托现有的国际经济与贸易国家一流专业，在湖南省教学改革重点立项建设的国际陆港新商科专业群中，商学院构建了国际陆港专业群人才培养新模式，以大数据分析能力、数字营销能力、国际商务能力为基础，提出了"工学结合、校企合作"的校地企业协同合作，建设物流管理、商务英语等省级一流专业。学校结合国际经济与贸易、物流管理、跨境电子商务等专业群优势，全方位、深层次开展政产学研合作，培育国际陆港急需的新型商科专业人才。怀化学院以学院人才和专业优势为依托，为经开区提供决策服务，解决国际陆港建设与发展的理论和现实问题；携手构建高水平、结构合理的国际陆港建设战略研究团队，与经开区的优势骨干企业开展产学研合作。

五、官产学研联合模式

官产学研联合模式是指政府、企业、高校和科研院所相结合，促进资源共享、优势互补，提高创新效率和成果转化能力的一种模式。这种模式能够充分发挥各方的优势和潜力，政府制定政策、提供资金支持和搭建平台；企业凭借其敏锐的市场洞察力和丰富的生产经验及时地将科技成果转化为实际产品；高校拥有深厚的学术底蕴和强大的科研实力；科研院所则在专业领域深入探索，攻克关键技术难题。在这一模式下，各方形成紧密的合作关系，打破了传统的壁垒，实现了信息流、技术流和资金流的顺畅流通。

案例七　与沅陵文化旅游投资公司合作实景剧

2017 年，沅陵文化旅游建设投资公司与怀化学院联合打造的《狃子花开》实景剧充分挖掘地域特色文化的商业价值。该剧采用的是'公司＋村集体＋农户'的经营管理模式，演出的 73 名演职人员都是当地村民，其中有 25 名是贫困户，因获得演出酬劳而走出了贫困。千堂湾村民主导的乡村旅游经营项目还有农家乐、土特产、民宿、商铺和磨豆腐、打糍粑、品茗等，参与的村民超过 100 人。此次文艺演出还带动了 20 多家农家乐、景区沿线土特产品经营户的创收工作。2018 年，借母溪景区凭借实景戏剧的吸引力，接待游客 31.5 万人次，旅游收入 7800 多万元，村民人均演出收入 12000 元，乡村旅游直接联结贫困人口 308 名，653 名贫困群众得到实惠。借母溪村级集体经济通过实景剧的带动，创收 100 多万元。目前，沅陵县已建成文旅融合、茶旅融合示范点 6 个，包括借母溪、辰龙关两个旅游景区，成为全县上下的一种新业态，助推脱贫攻坚。

实景话剧《狃子花开》借助借母溪风景旅游区的优势，每周六固定上演，一年演出 100 场左右。该剧根据借母溪一带流传下来的"狃花"故事和人物，以湘西地区的典妻文化为背景，精心打造而成。该剧以"母爱"和"身在台湾，心系祖国"两条线索为主线展开，还在特定的表演环节植入国家非物质文化遗产——辰州傩戏、省级非物质文化遗产沅陵山歌号子，通过还傩愿、盘木号子、采茶歌、山歌小调等表演形式，向人们展示了借母溪文化观光旅游的独特魅力。沅陵县作为"张家界旅游南线战略"的首站，位于"张吉怀精品生态文化旅游经济带"的重要节点，立足怀化生态的资源优势。近年来，沅陵县以文韵沅陵、水韵沅陵、绿韵沅陵、茶韵沅陵四大品牌为基础，谋划"一带三园五区五县"战略布局，构建全域旅游大格局。

"官、产、学、研联合"的合作模式在更加注重政府在合作过程中职能作用发挥的同时，还着眼于整个学校层面，对地方高校的产学研合作进行规划。

官产学研合作是指地方政府、企业、高校、科研院所等合作主体按照"风险共担、收益共享"的协作方式，共同开展科学研究、创新创业等活动，建立政、产、学三界相互促进、联动发展的三重螺旋关系，以促进区域经济协调发展和提升科技成果转化效率。

案例八　怀化学院与高新区经纬泰和有限公司合作

怀化市委、市政府自 2016 年以来，将医疗保健作为四大支柱产业之一，出台了一系列扶持产业发展的政策措施。2018 年，总投资超过 20 亿元的怀化健康综合服务设施项目开工；同年，该公司利用大数据、互联网、云计算、人工智能等手段，规划建设怀化智慧健康三级服务体系试点，打造的智慧社区、智慧养老等管理公共服务体系的经纬泰和智慧健康大数据中心项目落地怀化高新技术产业开发区，打造了怀化全民智慧健康服务新模式和健康管理新模式。怀化学院作为一所地方院校，为助力怀化医养健康产业早日形成具有区域特色的大健康产业发展的良好势头，引进了经纬泰和有限公司的智慧健康专业设备及相关服务理念，成立了智慧健康促进实验室。两年来，学校依托清华大学等高校科研团队，通过项目带动、深化校地合作、协同合作等方式，初步探索出一条产学研用助推健康产业发展的道路。经纬泰和健康产业投资控股（北京）有限公司成立于2015年，该公司依托清华大学体育与健康科学研究中心交叉互补的科研优势，20多年来为奥运军团和航天员提供健康管理服务，致力于人工智能、互联网、功能医学、物理调理方向的设备、算法和公司平台研究，是中国第一批致力于非医学的智慧健康管理科技公司。

该平台已获批省级重点实验室"武陵山片区健康大数据智能处理与应用"建设，通过利用仪器设备和大量样本分析为学科专业建设提供数据支撑，并有6篇论文先后被上级会议采用并被SCI收录，目前涉及6个二级学院的理论课程教学、实验课程教学改革，尤其是实习基地建设、实践教学等教学工作，在人才培养上对相关专业进行了创新。怀化学院将打造国民体质健康监测、智慧健康大数据、健康运动休闲社区，作为学校产学研用的重要链条。学校将通过对本校教师进行常规健康检测，强化运动康复训练功能模块，创建智慧健康管理示范社区。怀化经纬泰和智慧健康大数据使亚健康和慢性病患者在健康产业链条上不断延伸，通过掌握本地整体健康趋势，减少政府、企业和个人的医疗开支，促进怀化人民健康生活指数的提高。在此基础上，怀化学院扩大目标人群，针对武陵山地区的苗、侗、瑶、土家族等少数民族乃至群众，在未病先防、健康知识普及、健康理念优化、医疗习惯养成、健康教育落实等方面，开展广泛的颐养健康服务体质检查，为经济欠发达地区全面建成小康社会做出应有的贡献，促进区域发展、扶贫济困。

六、创业园合作模式

近几年来，高校创业园呈现出向一般性大学扩散蔓延的趋势，它不仅是科技成果的转化中心，还是科技企业创新人才的聚集、孵化基地。高校依托自身的科技优势和人才优势，利用政府的优惠政策，充分发挥高新技术的辐射作用，加快科技成果的产业化进程，并寻求更广泛的技术合作，来创办以高新技术企业为基础的大学科技园。

案例九　怀化学院大学生创业园模式案例

怀化学院大学生创业园创建于 2011 年，为大力推进创新创业教育，培养创新型人才，学校先后投入资金 2000 余万元，建设怀化学院大学生创业园。创业园现有线下平台怀化学院电商（跨境）创业孵化基地、线下产品体验馆、创业工作室；线上平台有洋葱海外仓 APP（应用软件）、亚马逊平台。创业园分为五个层级建设：第一层次，专业教育建设，培养学生的专业基础能力。第二层次，专业实践和科技创新能力培养。第三层次，创新创业孵化基地建设。以培养和孵化创新创业项目为目标，吸纳学生项目入驻孵化。第四层次，大学生创业园。以帮助创业项目工商注册、吸纳学生较成熟的创新创业项目。第五个层次，与社区共建创新创业园，怀化学院先后与怀化市高新区武陵山大学生创客社区签订共建协议，将孵化成功的大学生创新创业项目推向社会，引导其落地到当地政府主办的产业园、园区，推动学校科技成果转化，实现高校服务地方经济建设的职能。大学科技园是大学科研与企业、市场需求相结合，使高校的大学教学、科研、企业、区域经济发展良性互动、良性循环的一种新型业态。如果把高校科研分成三段式，通过中试的应用性研究，把前期的基础成果研究产业化，与此同时，来自企业和市场的信息反馈也反过来明确了科技项目的下一轮研发方向。怀化学院目前还受限于参与和协助推进大学科技园建设工作的技术创新综合实力，在这方面的工作还处于起步探索阶段。

第三节　地方高校产学研促科技成果转化特点

地方高校与企业的产学研合作呈现出地缘优势突出的特点，能高效对接地方产业需求；具有针对性强的特性，成果转化方向明确；资源互补性显著，为转化提供有力支撑；创新生态良好，激发强大活力；合作模式丰富多样，适应不同情境需求，共同推动科技成果的有效转化。

一、呈现出地缘优势突出的特点，能高效对接地方产业需求

一方面，地方高校通常在特定区域深深扎根，与当地的产业和企业有着天然的地缘联系。这种地域性使得产学研合作能够紧密围绕当地经济社

会发展需求展开，相互促进。地方高校能够深入洞悉当地产业特点和优势，并有针对性地开展科研和人才培养工作。企业也能够就近获取高校的智力支持与技术服务，从而降低合作成本和交流难度。例如，一些地方高校会与当地传统优势产业联合，进行技术攻关，提升产业竞争力；或者针对区域新兴产业发展需求及时调整学科专业设置，培养对口人才，助力产业快速崛起。这种区域性的合作模式对推动地方经济特色化、差异化发展大有裨益。

另一方面，本土企业与区域企业的产学研合作首先体现出区域性的强势。企业在当地经营，深入了解本地区的产业格局、市场动态及资源条件，与当地高校、科研院所合作，能最大限度地利用地缘优势，减少沟通和交易费用。例如，在一些资源型地区，企业与高校针对高效利用资源和深加工技术的研发进行合作；在制造业发达地区，生产工艺的升级和智能化程度的提高可能成为二者合作重点。

二、具有针对性强的特性，注重成果的实际应用与转化

一方面，由于高校与当地企业联系紧密，其科研项目往往更贴近生产一线，具有更强的实用性。通过与企业合作，高校能将科技成果快速转化为实际的产品或服务，提高成果的转化率和应用价值。同时，这种注重应用的特点也促使高校不断强化实践教学环节，在培养学生实际操作能力和创新能力的同时，让学生在毕业后能更快适应工作岗位。

另一方面，本土企业与区域企业的产学研合作重视实际应用和成果转化。这是因为本土企业和区域企业往往更重视直接经济效益和市场竞争力。在合作过程中，研究课题一般紧扣企业和生产实践的实际需要。重视实际运用还表现在人员培养方面，合作培养的人才能较快适应企业工作环境和岗位要求，具有更强的针对性和实用性，既有扎实的理论知识又有丰富的实践经验的人才可为企业发展提供强大支撑。

三、实现政府、高校、企业和社会的多方共赢

地方高校的产学研合作模式致力于实现政府、高校、企业和社会的多方共赢。对于政府而言，这种合作模式有助于推动地方经济发展、增加就业机会以及提升地区竞争力。对于高校而言通过合作能提升学校的整体实力和知名度，获取更多科研经费、实践教学资源和社会影响力。对于企业而言既能借助高校智力资源解决技术难题，提升创新能力和市场竞争力，又能为企业未来发展储备人才。对于社会而言，产学研合作能够推动科技进步和产业升级，提升社会整体福祉。比如，政府通过政策扶持鼓励高校与企业合作，推动产业发展；高校在合作中提升人才培养质量和科研水平，为社会输送更多优秀人才；企业在合作中获得技术创新和发展，创造更多经济效益和社会效益。

四、合作模式丰富多样，适应不同情境需求

相较于一些重点大学，地方高校在产学研合作方面具备更高的灵活度。

它们能够依据市场与企业的实际需求迅速调整合作策略和项目内容，既可以针对企业短期需求提供定制化解决方案，也能开展长期战略合作。在合作形式上，既可以是具体项目的合作，也可以是共建研发平台、实习实训基地等形式。同时，地方高校能更灵活地调配校内资源以满足企业多元化需求，打破学科专业壁垒，组建跨专业团队。此外，在合作机制上，如利益分配、知识产权归属等关键问题都可根据实际情况协商确定，以确保合作的顺利进行。

总之，地方高校的产学研合作模式在推动地方经济社会发展中发挥着重要作用，其特点是区域性强、灵活度高、注重应用、多方共赢。随着时代的发展和科技的进步，这种合作模式也将不断创新和完善，为地方高校注入新的活力与动力，为地方经济的可持续发展提供新的助推力。未来，我们期待地方高校在产学研合作中发挥更大的作用，与企业和社会更紧密结合，共同谱写创新发展的新篇章。地方高校与企业的产学研合作在推动科技成果转化方面发挥着独特且重要的作用，为地方经济发展和科技进步注入强大动力。

第四章 产学研促科技成果转化
面临的问题

在产学研与科技成果转化的实际案例中，凸显出一系列问题：一是合作保障体系不够健全，导致高校、企业与科研院所之间的合作缺乏稳定性和持续性，各方权益不能得到有效保障，容易在合作过程中产生矛盾和分歧。二是资金管理体系不够规范，使得资金的投入、使用和监管存在漏洞，影响项目的顺利推进和科技成果转化的效率。三是人才管理机制不够完善，使得组建科研团队时出现诸多问题，影响了合作的广度与深度，导致科技成果的转化进程缓慢。四是专业平台与中介相对匮乏，阻碍了信息的有效流通和资源的合理配置，无法为产学研合作和科技成果转化提供有力的支撑与服务，使得科技成果转化面临诸多障碍，难以充分发挥其应有的价值，严重制约了科技创新成果向实际生产力的有效转化。

第一节 合作保障体系不够健全

一、利益保障机制不够完善

完善的利益保障机制可以规范利益分配，能够推动产学研合作与提高科技成果转化成功率。利益保障体系的不够完善导致怀化高校产学研合作与科技成果转化不充分，制约了怀化高层次人才研发创新的能力与积极性，限制了怀化高校、企业与科研院所进行更深入的技术知识交流。利益保障机制不够完善主要内容包括：利益分配的不均衡即科技成果的产权界定较为模糊，导致在利益分配方面出现利益分配公正性问题等一系列问题，产生矛盾，制约科学技术发展；缺乏规范的评估体系，评估体系的不够完善导致在对科技成果价值进行衡量时难以明确其具体价值，可能会忽略真正具有价值的科技成果，继而引起经济发展损失；产权归属不够清晰，体现为对科技成果产权界定不明晰，存在利益分配难以准确分配的问题，限制了怀化高校、企业与科研院所之间的深度融合；风险承担机制不够健全，在各主体开展深度合作时缺乏风险承担的合理机制，制约了各主体的深入合作，使得科技成果转化速度较慢；法律保障不充足，保障产学研合作与科技成果转化的相关法律法规不够完善，对各主体的保障也不够有力，在合作过程中因缺乏相应的法律保障而使产学研合作与科技成果转化出现困难的情况也不断发生。

例如，怀化市在2021年出台了《怀化市强化知识产权保护工作方案》，该方案提出了对知识产权四个层面的保护，即严保护、大保护、快保护、同保护。基于四个层面明确了五大重点任务：一为强化保护措施，严格落实知识产权严保护政策。二为加强社会共治，构建知识产权大保护格局。三为健全工作机制，提升知识产权快保护能力。四为完善协调机制，积极营造知识产权同保护环境。五为加强基础建设，全力支撑知识产权保护工作。但是，这对于知识产权保护是远远不够的。在利益保障机制方面，现行的利益分配制度、评估体系、风险承担机制等可能会进一步导致产学研合作滞后、科技成果转化率持续降低等问题，制约了怀化高校产学研与科技成果转化的发展。

二、缺乏成果转化体制保障

体制保障在促进高校产学研与科技成果转化中具有十分重要的位置，但怀化高校产学研与科技成果转化中缺乏体制保障。首先，缺乏体制保障不利于资源整合，不能形成创新合力；其次，在产学研合作过程与科技成果转化过程中会出现效率问题，阻碍产学研有效合作与科技成果转化为现实生产力；再次，不能保障各主体的权益，不能确保利益分配合理，减弱了各主体的参与积极性，使高校产学研与科技成果转化进展较慢；最后，没有良好的产学研环境与条件不仅不能激发创新活力，还不能保障科技成果的有效转化。

在怀化高校产学研与科技成果转化中，健全的体制保障是不可或缺的，但也是最容易被忽视的方面。在怀化高校产学研与科技成果转化的过程中，缺乏体制保障会造成相关政策衔接不畅，管理部门协调不到位，随着时间的推移，会在怀化产学研合作与科技成果转化过程中出现一系列矛盾，如政策力度不够、科技成果转化发展缓慢等；再有，缺乏体制保障会出现政策落实不到位的情况，部分政府缺乏有效的体制保障执行机制，使得其促进产学研与科技成果转化的政策难以落实，导致以政策扶持为基础的应用转化缺乏原动力，阻碍了合作与转化。缺乏科学合理的评价体系也是评价与激励机制不健全以及缺乏体制保障的表现，是怀化高校产学研合作与科技成果转化的现实生产力呈较低态势的原因。此外，怀化高校产学研合作与科技成果转化缺乏体制保障还体现在信息共享机制欠缺，信息共享机制的欠缺会导致产学研合作中的各主体之间信息流通不畅，使怀化市高校、企业和科研院所在合作时对彼此要求、技术等信息了解不够充分，容易造成各主体之间的重复劳动等不确定性。还会影响科技成果的针对性和适应性，不能形成统一的合作意识，影响合作与转化效率。

三、政策法律体系不够完善

成功的高校产学研合作与科技成果转化必然少不了完善的政策、法律保障体系，政策与法律为怀化高校产学研合作与科技成果转化提供坚实的基础。但怀化在促进高校产学研合作与科技成果转化方面的倾向性政策较少，且具体实施以及颁布保障体系方面的政策与法律措施也较少，难以推进怀化产学研合作与科技成果转化的深度融合。在怀化产学研合作与科技成果转化过程中因缺乏政策、法律保障体系，不仅有可能出现成果研发者、转化者的权益受到侵害，影响创新热情，还有可能增加转化过程中的风险，难以有效分担风险，同时，还可能因为缺乏规范的引导导致转化过程冗长，转化效率不高。因此，良好政策、法律保障体系亟待完善。

无论从怀化高校产学研合作方面来看，还是从科技成果转化方面来看，都缺少财政、税收、金融、创业等政策的支持，往往都是宏观层面的指导，缺乏针对性，如何制定具体实施细则等方面略微模糊。此外，在政策方面，不完善的政策体系会使相关政策的具体实施内容与实施细则不够清晰，导致政策执行困难、政策执行力度不够等问题，影响怀化高校产学研合作与科技成果转化效率。政策体系的相对欠缺也会出现政策连续性差等问题，政策碎片化不利于长期推动怀化高校产学研合作与科技成果转化。在法律保障层面，缺乏专门针对高校产学研合作与科技成果转化的法律法规，对一些关键问题的界定不够清晰明确，容易导致各主体之间产生矛盾分歧，影响怀化高校产学研合作与科技成果转化的深入推进。再有，政策与法律缺乏相应的配套机制和细则，以及政策与法律执行的监督和管理不完善，导致各主体无法高效地开展产学研合作与科技成果转化，市场秩序可能会受到影响，不利于怀化吸引与留住优秀人才参与产学研合作和科技成果转化。

四、科技人才保障体系匮乏

人才保障体系在怀化高校产学研合作与科技成果转化中具有核心地位，但怀化市的人才保障体系相对匮乏，探其原因：首先，怀化地处大湘西地区，经济发展水平相对较低，城市影响力相对不足，提供的发展空间以及就业机会也相对有限。其次，怀化科研创新环境有待提升，科研设施和平台相对不足且怀化的产业结构较为单一，缺乏对高端人才有吸引力的产业集群。最后，怀化的人才政策和激励机制不够完善，缺乏有竞争力的政策吸引和留住人才。

怀化产学研合作和科技成果转化是推动怀化地区经济发展和社会进步的重要动力。但人才保障体系的匮乏给这一进程带来了诸多不利影响。一是怀化人才保障体系的匮乏不能吸引和留住人才，导致怀化高校产学研合作与科技成果转化的创新能力不足，难以组织高质量的科研活动，也难以取得高质量的科技成果，影响怀化产学研各方的有效衔接。二是怀化人才保障体系不适应推进怀化高校产学研合作与科技成果转化的需要，还未充分将科技成果有效地转化为实际应用。相关部门之间缺乏沟通协调，导致本就匮乏的人才保障体系散落、重复，难以聚焦产学研合作与科技成果转化，不利于推动科技进步。三是在人才保障体系方面，现行的人才保障制度极可能会导致人才流失，怀化高校、企业与科研院所留住人才乏力、科研脱节等情况。例如，怀化学院面临着人力资源短缺的问题，一些前沿专业难以找到合适的高层次人才，前沿专业人才明显不足制约了怀化学院产学研合作的发展，也使科技成果转化效率低下，阻碍地区发展。

从经济角度看，人才缺乏会导致经济增长乏力。科技成果转化是推动经济增长的重要途径之一，而缺乏人才会使这一途径受阻。企业无法通过科技成果转化获得新的竞争力，经济发展速度就会减缓。同时，人才的缺乏也会影响相关产业的发展，进一步制约经济的增长。从社会角度看，人才缺乏会影响社会的进步和发展。科技成果转化不仅能够带来经济效益，还能够改善人们的生活质量，推动社会的进步。但人才不足会使这些科技成果无法及时应用和推广，影响社会的发展进程。

第二节 资金管理体系不够规范

一、资金投入不足

在怀化高校产学研合作与科技成果转化过程中，资金投入具有至关重要的地位，充足的资金投入是高校产学研合作与科技成果转化的动力源泉，能够保障科研项目顺利实施、激发科研人员研究创造力和积极性，为怀化高校产学研合作与科技成果转化提供坚实的基础。但怀化长期以来处于资金投入不足的情况，不足以支撑数量众多的怀化高校产学研合作项目和科技成果转化项目，不利于帮助科技成果产业化并实现其社会价值与经济价值。总的来说，怀化在产学研合作与科技成果转化过程中资金投入不足，压缩了高校、企业与科研院所的发展空间，延误了科技成果的产出，打击了科研人员的积极性和创造力。

资金投入不足会使研发受阻。科研工作需要大量的资金与资源支持，缺乏足够的资金支持，会导致研发工作难以开展。例如，怀化学院科研团队可能无法获得必要的实验条件，导致技术创新停滞不前。资金短缺在项目实施过程中可能还会产生浪费前期投入和后期成果闲置等问题，一些产学研合作项目可能因为资金投入不足而导致项目失败，或到项目最后导致成果闲置，无法进行资金回收等。资金短缺是阻碍产学研合作与科技成果转化的重要因素之一。怀化市在2022年发布了《怀化市"十四五"加大全社会研发经费投入行动计划》，计划中提出要加大财政科技投入，但对投入的金额的多少并没有明确的界定，这就导致缺乏执行依据，无法从源头对资金投入的多少做出明确规定。在人才培养方面，资金投入不足形成不利于开展科研的发展环境，怀化高校、企业与科研院所无法为高层次人才提供有竞争力的薪酬和科研条件，难以吸引和留住高层次的人才，导致人才流失，地区竞争力下降，对区域社会经济的发展产生不利影响。在科技成果转化方面，资金投入不足会导致科技成果转化出现一系列问题，科技成果转化过程复杂，缺乏资金投入可能会导致研究项目中断，各个环节难以有效开展研究，难以实现商业化。此外，缺乏资金投入还会影响科技成果的质量与可靠性，影响科技成果的转化效率。

二、资金项目执行不规范

在怀化高校产学研合作与科技成果转化过程中，资金项目执行不规范的问题时有发生，这会给高校产学研与科技成果转化带来诸多问题，不利于推进怀化产学研合作与科技成果转化。资金项目执行不规范会产生如下不利后果：一是在资金不能被合理有效利用的情况下，无法发挥资金应有的作用，造成资源的浪费。例如，在进行高校产学研合作与科技成果转化过程中，可能会出现在某一环节项目资金十分充足，而另一环节极度缺乏项目资金，导致转化过程中的各个环节无法顺利衔接，科技成果无法得到充分的开发与推广，给怀化产学研合作与科技成果转化带来不确定性。二是项目受到资金执行的影响，不仅使有限的资金无法得到有效利用，也阻碍了科技成果的产出与转化。三是缺乏规范的执行，会出现科技成果质量参差不齐的情况，一方面，可能导致部分成果无法有效转化和应用，造成资源浪费。另一方面，也会影响市场对科技成果的信任度，不利于科技创新的持续发展。同时，还可能影响相关产业的发展速度和竞争力，阻碍经济的进步。四是资金项目使用不规范会导致科研人员的待遇、奖励无法得到保障，从而出现人才流失的情况，这给怀化地区的建设和发展也带来了不利的影响。五是资金项目使用不规范会影响政府部门决策的科学性，可能会导致资源配置不合理、政策执行效果不佳、社会发展失衡等问题，影响公共利益和社会稳定，阻碍经济发展和社会进步。

三、发展资金来源单一

资金来源单一是当前怀化产学研合作与科技成果转化面临的一个突出问题，怀化高校产学研合作与科技成果转化主要依靠财政资金投入，导致科技成果转化效率和质量受到制约，限制了转化规模与速度，不利于企业、高校与科研院所的发展。这不仅影响了怀化高校科技成果的产业化进程，也使得一些具有潜力的创新成果无法及时转化为实际应用，错失了发展机遇。同时，单一的财政资金投入也使得怀化高校在产学研合作与科技成果转化方面缺乏足够的灵活性和自主性，难以根据市场需求和科技发展趋势及时调整策略。

首先，资金来源单一会导致怀化高校产学研合作与科技成果转化的资金规模受限。当资金主要依赖于单一渠道时，单一资金投入总量往往难以覆盖科技成果转化的实际需求，这就使得许多有潜力的科技成果因缺乏足够的资金支持而无法实现顺利转化，从而造成科技资源的浪费。资金来源单一使科技成果转化面临较高的风险。单一的资金来源往往意味着风险集中，一旦该资金渠道出现问题，如资金供应减少或中断，科技成果转化过程就会受到严重影响，为科技成果转化增加了不确定性。同时，缺乏多元化的资金来源，在面对市场波动、技术风险等不确定因素时，科技成果转化的稳定性和抗风险能力较差，会影响科技成果转化的可持续性。此外，资金来源单一还会对怀化产学研各方的利益分配产生影响。在单一资金来源的情况下，可能导致各方在利益分配上存在不公平的现象，影响怀化产学研合作的积极性和稳定性。从企业层面来看，单一的资金来源使得企业在科技成果过程转化中面临的资金压力更大。企业在研发、试验、生产等环节都需要投入大量的资金，而这些需求往往是单一的资金来源难以全覆盖的，这就造成了企业在科技成果过程转化中采取一些保守的策略，加大了企业的竞争压力。从怀化高校与科研院所层面来看，经费来源的单一限制了怀化高校、科研院所根据自身需求和发展规划选择合适的项目，影响了怀化高校产学研合作向纵深发展。不仅如此，高校在科技成果转化过程中，由于缺乏多元化的资金支持，风险评估和管理难以充分开展，使转化难度和不确定性进一步加大。市场层面，单一的资金来源进一步影响了科技成果转化，造成市场竞争不充分，导致科技成果可能无法进一步得到充分展示和推广。

四、资金回收困难

资金回收困难是怀化高校产学研合作与科技成果转化的重要阻碍之一，这不仅使怀化高校在投入大量资源进行研发后难以获得相应的回报，也让企业在合作中面临着较大的风险，进一步影响了企业参与怀化产学研合作的积极性。同时，资金回收困难还会导致科研团队的稳定性受到影响，造成人才流失，使得怀化高校产学研合作与科技成果转化陷入困境，难以取得实质性的进展。

资金回收困难使科研资源受限，给怀化高校产学研合作带来了一系列问题。获得科技成果带来的经济效益是企业参与产学研合作的目的之一，资金回收困难将打击企业与高校合作的信心，给怀化高校产学研合作的深度融合带来阻碍，影响高校开展进一步的科研活动，进而对高校的科研水平以及整体竞争力造成影响。此外，资金回收困难还可能导致高校债务增加，这不仅会影响怀化高校的正常运作，而且可能会对怀化高校的其他科研项目进行限制投入，产生不利的连带影响。资金回收困难可能导致科研人员具有一定的经济压力，从而降低科研人员的科研积极性与创新热情。从产业发展的角度来看，产业升级的脚步将因资金回笼困难而有所延缓。在资金回收困难、不能及时满足市场需求的情况下，科技成果转化难以迅速实现产业化，这就会造成整体经济体系的产业发展滞后，竞争力、创新能力都会受到影响。此外，一些科技成果由于缺乏资金支持，不能得到充分的开发利用，甚至可能中断研究，造成科技成果转化资源的浪费。从市场层面来看，资金回笼的困难将给市场正常秩序带来不正当的竞争行为，造成一系列不利于社会经济发展的影响。同时，回收资金的困难也将使科技成果转化的市场信心有所减退，影响市场对科技成果的认同度和接受度，导致科技成果转化难度加大，进一步制约科技成果产出。

第三节　人才管理机制相对不足

一、人才流动机制不够健全

近年来，怀化高校产学研合作与科技成果转化发展较快，导致对高层次人才需求量加大，尤其在当今知识经济时代，高校、企业、科研院所等都对高层次人才的需求越来越迫切，高层次人才已成为推动科技创新和经济发展的重要引擎。但怀化目前的人才流动机制不够健全，缺乏对人才流动机制的明确规定给怀化高校产学研合作与科技成果转化带来了一系列问题。

人才流动机制不健全使得怀化高校在组建科研团队时面临诸多困难。一是限制了人才自身的发展，在不健全的人才流动机制下，人才难以获得更广阔的发展空间和更多的发展机会。他们可能局限于某一领域，无法充分发挥自身的潜力，这对人才的培养和发展是极为不利的，可能会导致人才的流失。二是影响了技术的高效传播与应用，人才流动不畅导致产学研各方之间的先进技术与知识传递受限，因市场始终处于动态变化之中，企业可能因为无法及时获取所需的技术支持而难以实现产品的升级和创新。这不仅浪费了宝贵的科研资源，也使科技成果转化的速度延缓。三是难以吸引具有跨学科背景和丰富经验的优秀人才，导致团队结构不合理，缺乏创新所需的多元化知识和技能。现有的人才可能因为缺乏流动机会而感到发展受限，也可能造成一定数量的人才流失，影响科研团队的稳定性和可持续发展。四是导致了人才资源的浪费，不健全的人才流动机制使得人才无法根据自身能力和发展需求找到最适合自己的岗位，造成人才资源的浪费。五是限制了创新思维的交流与融合，人才流动机制的不健全限制了拥有不同学术背景、思维方式和经验的优秀人才的交流与碰撞，不利于不同领域的人才互动，影响了创新的产生，阻碍了怀化高校产学研合作与科技成果转化。六是减缓了科技成果转化进程，人才流动机制不够健全使得转化过程的各个环节衔接不顺畅，人力资源配置不合理导致科技成果转化的进程缓慢，难以满足市场的需求和社会的发展要求。七是制约了企业与怀化高校的合作深度和广度，人才流动机制不健全使得企业与高校之间难以建立起紧密的合作关系。企业难以从高校吸引到真正适合自身需求的人才，高校也难以将科技成果与企业的实际需求有效对接。这导致双方的合作往往停留在表面，难以深入开展实质性的合作。综上所述，人才流动机制的不健全给怀化高校产学研和科技成果转化带来了多方面的阻碍，在很大程度上制约了怀化区域科技创新和经济发展的进程。

二、人才培养机制不够完善

在怀化经济高速发展的背景下，怀化对高层次人才的需求越来越迫切。在过去较长一段时间，怀化的人才培养机构不够完善，这使得怀化在吸引和留住人才方面面临着较大的挑战，许多优秀人才往往更倾向于选择人才培养机制更为成熟的地区。人才培养机制的不完善进一步制约了怀化的经济发展和科技创新能力，使其在激烈的区域竞争中处于相对劣势的地位。

怀化人才培养机制的不完善，缺乏对人才针对性的培养，这可能导致人才创新思维和能力不足，无法为怀化产学研合作与科技成果转化提供有力的创新支撑，影响科技成果的产生和转化效率。再者，不完善的人才培养机制可能导致人才对创新理解不足，进一步制约了人才创新能力的发展。不仅如此，不完善的人才培养机制还会使人才偏离了企业、科研院所与市场的实际需求，难以满足产业发展对人才的需求。例如，人才在专业知识和技能方面与怀化产学研合作和科技成果转化的实际需求存在较大差距，未能及时跟进产业发展的最新趋势和技术要求，导致人才竞争力不足，人才培养出现滞后性。人才培养机制不健全可能导致人才流失的风险加大，给怀化高校产学研合作和科技成果转化带来不确定性。同时，人才流失也会带走怀化高校产学研合作积累的知识、经验和技术等，这就给后续团队合作的开展带来一定的难度和风险。怀化高校产学研合作需要随着科技的不断发展和市场环境的变化而具有较强适应性的人才，但怀化人才培养机制的不健全可能导致人才对新技术、新环境的适应性不强，进而影响合作的进程和成果的转化效率。此外，不健全的人才培养机制会给怀化高校产学研合作带来不利影响。一方面，人才培养机制的不健全使得高校在吸引企业、科研院所深度参与合作方面存在一定困难；另一方面，怀化高校在产学研合作中难以发挥更大的作用，人才质量问题也将制约高校产学研合作的规模，这不仅对高校自身科研水平和能力造成影响，也不利于形成良好的产学研合作环境。最后，人才培养机制不完善会影响科技成果转化的可持续性，导致人才对科技成果转化认识不足、缺乏推动成果转化的持续动力，难以将科技成果和人才优势充分转化为社会生产力，不利于区域社会发展。

三、人才管理机制缺乏规划

怀化的人才管理机制僵化，不利于人才流动，阻碍了人才的横向合作，这在一定程度上限制了人才资源的优化配置。僵化的机制可能导致人才在职业发展中遇到诸多阻碍，难以充分发挥自身的潜力和价值。这不仅影响了个人的成长和发展，也对怀化地区的创新能力和竞争力产生了不利影响。

对于科研人员的影响，人才管理机制缺乏统一规划可能会造成科研人员在产学研合作、科技成果转化等方面的角色和任务模糊，导致科研人员对职业发展方向产生不确定性，从而对科技成果的质量和深度造成影响。没有清晰的人才管理机制来激励科研人员，就有可能出现科研人员研究乏力的局面，研究人员可能逐渐减弱对科研工作的积极性，造成人才资源浪费。对于怀化高校的影响，缺乏人才管理机制规划使怀化高校内部科研资源难以有效整合利用，造成资源分散、利用效率不高的问题。在利益分配方面，难以协调各方利益，还可能在人员调配、职责分工等方面产生矛盾和分歧，进而影响合作的顺利进行，使创新的脚步受到阻碍，高校竞争力下降。对于企业的影响，缺乏人才管理机制的统一规划，使企业在与高校合作对接的过程中，可能会面临与高校科研人员沟通不畅、对接困难的问题。不完善的人才管理机制会让双方在合作中很难找到合适的切入点，导致合作进展缓慢，甚至有中断合作的可能。企业希望通过与高校合作获得前沿技术和创新成果，但人才管理机制的缺乏限制了企业从高校中获取高层次人才。因此，人才管理机制的缺乏会对企业创新能力、市场竞争力、持续发展力等方面都产生不利影响，增加企业发展风险。对于区域的影响，人才管理机制缺乏统一规划可能会使区域经济发展受阻，对区域经济发展形成掣肘。人才管理机制的缺乏会减弱区域创新驱动发展速度，使得创新活力无法充分释放，影响整个创新生态系统的平衡与发展，导致创新资源的不合理配置和浪费，难以形成有效的创新合力，对怀化区域整体发展速度、发展质量都会产生一定不利影响。

四、引进人才机制不够灵活

引进人才机制不够灵活给怀化高校产学研合作与科技成果转化带来了诸多问题，造成怀化高校在与企业合作对接时，难以找到与项目需求高度匹配的专业人才，导致合作进展缓慢、成果转化效率不高等问题，也限制了怀化高校吸引和留住优秀人才的能力。目前，怀化地区针对引进人才仅仅在经济等方面给予人才保障，如推行人才引进补贴、创新创业激励、"五溪人才卡"制度等，很少在人才未来发展方面提出相应对策。引进人才机制的不灵活影响了怀化创新风气和发展速度与科技成果的实际应用及产业化进程，使怀化高校在人才竞争中处于劣势。同时，阻碍了高校科技成果转化的快速发展，难以有效实现科技成果转化为现实生产力，影响了高校科技成果的价值实现和区域经济效益的提升。

首先，缺乏引进人才的灵活机制，对创新能力的提升产生直接影响。人才是推动创新的原动力，是推动创新的关键因素之一。引进人才机制的不灵活导致创新团队构成不够多样化。与此同时，人才引进机制不灵活也会造成资源配置不合理，造成人才资源的浪费或短缺。怀化现有的引进人才机制不能根据实际需要灵活调配人才，这种资源配置的不均衡，既对怀化高校产学研合作的效率造成影响，也对科技成果转化产生了不利影响。不灵活的引进人才机制还会对团队的合作效率和效果造成影响，容易产生矛盾和冲突，进而影响合作的顺利进行，影响怀化高校产学研合作的持续性。引进人才机制的不灵活阻碍科技成果顺利转化，科技成果转化需要不同领域的人才共同努力。此外，不灵活的引进人才机制可能造成人才流失，使本来就紧缺的人才缺口进一步加剧。其次，对企业而言，人才机制的不灵活会使企业在吸引和留住优秀人才方面面临困难。这就造成了企业不能及时适应市场的变化和需求，在技术创新、产品升级等方面进展缓慢。对产业而言，整个产业的发展速度和质量也会受到引进人才机制不灵活的影响。

由于缺乏足够的人才支撑，产业竞争力和国际地位会受到不利影响，一些关键技术和产业可能发展滞后。对怀化区域经济而言，引进人才机制不够灵活会导致科技成果转化效率降低，经济增长动力不足。还会使区域因人才缺乏而出现地区发展不平衡、发展缓慢的现象。

第四节　专业平台与中介相对匮乏

一、合作平台建设相对不足

产学研合作、科技成果转化平台相对不足为怀化地区的发展带来一系列不利影响，这不仅限制了当地科技创新的步伐，也阻碍了经济的快速增长。一方面，企业在发展过程中与高校、科研院所缺乏有效的对接，难以获得前沿的技术支持和创新灵感，导致企业发展受到限制，产品竞争力不足。另一方面，科技成果不能及时转化为实际应用，大量研究成果被束之高阁，价值得不到充分发挥，致使资源浪费现象时有发生。怀化地区的人才流失则因为缺少合作平台而更加严重。优秀的科研人才难以找到适合自身发展的良好环境，这使得怀化发展的困境进一步加剧。

近些年，怀化地区产学研合作与科技成果转化平台数量相对较少，且合作各方主体难以在平台中实现深度融合，这一现状也影响了怀化地区和其他地区的交流与合作，使怀化地区在吸引外来资源、招商引资等方面处于区域竞争劣势，区域整体发展后劲受到制约。合作平台的缺失会造成资源的浪费，造成效率的低下。各方的资源因缺乏有效的平台而不能合理利用，致使资源浪费现象时有发生。同时，转化过程中出现的问题难以及时得到解决，转化效率不高。平台的缺失会使创新生态系统遭到破坏，创新生态系统是由各创新主体相互作用、相互依存而形成的一个有机整体。高校、企业、科研院所等各方紧密协作，共同推进生态系统创新事业的发展。但怀化在合作平台不足的情况下，出现的各方联系变得薄弱、信息沟通不畅、创新资源难以有效整合、创新活动开展不畅等问题，大大抑制了创新能力的发挥。企业在合作平台不足的情况下，很难获得最新的科技成果和技术支持，这就造成企业在适应市场变化和需求方面，在市场竞争中处于劣势。同时，企业的创新能力也受到很大限制，难以做到可持续发展。此外，缺乏合作平台导致无法吸引和留住优秀人才，进一步影响企业的创新发展和市场竞争力的提升，也会导致企业在人才引进、人才培养等方面面临困难。与此同时，高校、科研院所对市场需求、行业发展动态等也难以了解，对科研方向、科研重点等不能及时进行调整，对区域经济发展无法充分发挥推动作用。

科技成果转化的进程会在合作平台不足的情况下受到一定的阻碍导致其不能及时将科技成果转化为现实生产力，既浪费了科研资源，又浪费了科研人员的时间与精力。同时，科技成果转化效率不高、转化周期延长，也是由于缺乏有效的转化平台，造成了区域创新成果市场竞争力下降、市场需求难以得到满足等问题。最后，怀化区域经济的发展也会在合作平台不足的情况下受到制约。区域内的企业、高校、科研院所由于缺乏有效的合作机制和平台，无法发挥各自优势，协同创新工作难以形成合力，造成怀化区域经济发展缓慢。同时，合作平台的缺失也会造成怀化区域内一定数量的人才流失，使区域经济的发展受到进一步的影响。

二、公共服务平台相对缺乏

缺乏专门的公共服务平台可能导致怀化地的区科技创新面临后劲乏力的问题，这不仅限制了科技成果的转化效率，也降低了企业创新发展的速度。一些科技项目因缺乏公共服务平台的支持，难以获得进一步的研发资金和资源，无法将其转化为现实生产力。同时，因怀化缺乏公共服务平台，无法及时了解和掌握前沿科技动态，进一步削弱了怀化地区的创新能力。

由于缺乏公共服务平台，缺乏资源整合与共享的平台，怀化高校的科技成果、企业需求、市场动态等信息难以高效传递，阻碍了信息流通和资源共享。同时，公共服务平台的缺乏也使得高校资源不能充分利用，科研资源浪费的现象时有发生。公共服务平台更强调为社会提供公共服务，不以盈利为主要目标，没有完善的公共服务平台作为支撑，怀化高校和企业之间很难实现对接，降低了合作效率和协同效应，导致沟通协调成本增加、整体转换效果不佳等问题。公共服务平台的缺乏使得宣传和展示科技成果的难度变大，导致一些优秀的科技成果因为缺乏推广渠道而难以实现产业化和商业化。公共服务平台的缺乏增加了科技成果转化的风险，使转型过程中的风险难以得到有效评估和控制，也增加了科研失败的可能性。公共服务平台的缺乏导致科技成果转化不畅。这既会影响产业升级，对区域经济的促进作用无法得到充分发挥，导致怀化在区域竞争中处于不利地位，也使得怀化地区在科技领域的影响力难以提升。公共服务平台的缺乏导致创新资源难以整合、创新效率难以提高，使怀化区域科技成果转化的各个环节难以有效衔接，制约了科技创新的进程。除此之外，没有一个完善的公共服务平台作为支撑，科研人员在成果转化过程中会遇到诸多阻碍，他们可能需要花费大量的时间和精力去对接企业、推广成果等，而在这个过程中往往还会面临信息不对称、沟通不顺畅等问题。这不仅会影响科研人员的积极性，也可能导致一些有潜力的科技成果在转化过程中半途而废，无法真正实现其价值。

三、中介服务体制尚不完善

科技中介服务机构在高校产学研合作与科技成果转化中起着至关重要的桥梁和纽带作用。科技中介服务机构体制不完善给怀化区域发展带来诸多不利影响，这些影响涉及多个方面。科技中介服务机制体制不完善会导致信息流通不畅，信息不对称加剧，使怀化高校科技成果的技术优势、应用前景等信息不能准确传递给企业与市场。企业的技术需求、市场动态等信息不能及时反馈给怀化高校，这就增加了双方在合作过程中的沟通、时间成本，使合作效率降低。专业服务的缺失是科技中介服务机构体制不完善的结果，科技中介服务机构应当提供专业的评价、咨询和法律服务。但是制度的不健全造成了这些专业服务的缺失，使怀化高校产学研及科技成果转化工作出现一系列问题。例如，怀化高校科技成果缺乏科学技术评价，难以准确衡量其价值，在利益分配上容易造成合作双方的分歧，这些问题都给科技成果转化增加了风险和不确定性。科技中介服务机制、体制不健全导致其不能提供充分的激励和支持，造成各主体合作动力不足。在科技成果转化过程中，需要科技中介服务机构进行有效协调和组织。但科技中介服务机构体制不完善，难以形成各方合力，效率不高等问题也容易出现，这不仅对科技成果转化进度造成影响，而且给良好的创新生态环境带来了不利影响。

科技中介服务机构在体制不健全的情况下，提供的服务质量会不稳定，公信力会遭到质疑，导致高校难以与企业建立信任关系，双方在合作过程中存在诸多疑虑，难以达成深度合作。这不仅对高校产学研合作和科技成果转化效率造成影响，而且制约了区域创新能力的提升。

四、中试基地建设相对不足

中试基地具有发现和解决潜在技术问题、降低技术风险的作用，但中试基地的建设价格高昂。目前，怀化中试基地建设相对不足，制约了科技成果向现实生产力的有效转化。由于缺乏中试环节的验证和优化，许多具有巨大潜力的科技成果在实际应用中难以达到预期效果，这不仅影响了科技成果的产业化实现，也让投入其中的大量资源未能得到充分利用，造成了极大的浪费。同时，怀化中试基地建设的不足也导致怀化高校产学研各方之间的合作不够紧密，高校和科研院所的研究成果难以在企业生产中得到及时地试验和应用，无法形成良性互动。

中试基地建设相对不足会造成以下几点不利影响：一是中试基地建设的不足使科技成果在转化过程中的技术风险难以有效控制，使其缺乏充分的技术验证和风险评估，导致技术风险上升，给企业增加了投资风险，使企业难以充分认识科技成果的实际表现和潜力，降低了企业参与合作的积极性。二是中试基地建设不足使科技成果在转化过程中缺少必要的中间环节，这不仅对创新效率造成了影响，还造成了一定的创新资源浪费。三是因中试基地建设不足，在加大企业成本和风险的同时，也给企业造成更大的经济负担，导致竞争力产业集群无法形成，使区域创新能力提升受到限制，造成区域科技成果难以有效转化应用。四是中试基地建设不足导致新技术、新产品难以快速进入市场，使企业在市场竞争中处于劣势，影响产业升级速度。与此同时，导致优秀人才对区域创新环境与发展前景缺乏信心，不利于吸引和留住创新人才。

第五章　促科技成果转化的高质量
发展策略

伴随科学技术的迅猛发展以及经济全球化的持续推进，地方高校在国家创新体系当中的地位越发显著。大湘西地方高校具备充裕的科研资源以及人才优势，借助产学研合作，能够把科技成果转化成现实生产力，为区域经济与文化的发展贡献关键力量。不过，当下地方高校的产学研合作依旧面临众多挑战，科技成果转化效率欠佳，怎样达成高校产学研合作与科技成果转化的高质量发展已然成为亟须解决的问题。本书从如下五个方面针对产学研合作与科技成果转化发展策略展开了思考和建议：其一，开展高水平的应用性科学研究。其二，培养高水平的创新型教师队伍。其三，发展高质量创业型高校模式。其四，大力促进区域创新体系发展。其五，促进产学研合作与科技成果转化。唯有通过各方的协同努力，地方高校才能真正实现产学研合作促进科技成果转化的高质量发展，使科技成果能更好地服务于经济社会发展，推动国家创新能力的持续提升。

第一节　开展高水平应用性科学研究

开展高水平应用性科学研究有助于搭建产学研合作的桥梁。科研院所、企业和高校等各方力量汇聚在一起，形成强大的合力，共同推动科技成果的转化。通过合作交流，各方能够充分发挥自身优势，实现资源的优化配置，加速科技成果转化的效率。以生产应用为目的的科学研究具有明确的指向性和实用性。研究人员在开展工作时会充分考虑研究成果在实际产业中的应用前景和潜在价值，他们致力于开发出能够满足市场需求、解决实际问题的技术和产品，使科学研究与产业发展紧密相连。

一、明确指向性和实用性科研

（一）"激活学术的心脏地带"概念

"激活学术心脏地带"这一理念是美国学者伯顿·克拉克提出的，其中的改革精神和学术观念在宣勇教授的著作中得到了加强。宣勇教授在其著作中明确指出，学科乃是创业型大学的"学术心脏地带"。创业型大学作为一种新型大学模式，将创新、创业与高等教育进行了有机融合，其以培养创新人才、推动知识转化以及服务社会经济发展为目标。创业型大学着重强调创新与创业精神，激励师生开展创新活动，促使知识向实际应用转化；同时与产业紧密相连，积极与企业、社会构建合作关系，以促进科技成果的转化和经济的发展；并且除了通过传统的政府拨款获取资源外，还通过技术转让、咨询服务等途径来获取资源；其具备灵活的组织架构能够迅速适应市场变化，进而调整教学和科研方向。以生产应用为目的的科学研究还能够推动相关产业链的发展。研究成果可以在产业中得到应用和回报会激励研究人员持续进行深入探索与创新，从而形成良性循环。与此同时，产业的需求也会为科学研究源源不断地提供动力和方向，使研究更加贴近实际。从社会层面来看，以产业化为目的的科学研究能够提升人们的生活质量。

（二）明确科学研究的指向性和实用性

"激活学术心脏地带"明确了科学研究的指向性和实用性。"基层学术组织是大学的学术心脏地带，是古老治校理念的现代'保留地'，要激活大学的学术心脏地带，必须降低管理重心，把学术权力还给基层学术组织。"在大湘西高校科学研究的过程中，部分科研人员缺乏明确的目标和方向，只是盲目地进行实验和研究，没有对研究的进展与结果进行有效的监控和评估，这种盲目性使得科研工作缺乏系统性和连贯性，难以形成有价值的科技成果链。

明确大湘西高校科学研究的指向性和实用性有助于更好地服务地方经济社会发展。首先，大湘西地方高校与区域经济文化的发展有着天然的联系，其有效的科技成果能够为地方发展提供有力的智力支持和技术保障。将科研与地方实际需求紧密结合，地方高校能够更好地发挥其在地方发展中的作用，提升自身的社会影响力和贡献度，也有利于提高地方高校的科研水平和竞争力。在明确指向性和实用性的导向下，科研工作将更加聚焦于实际问题的解决，推动科研人员深入研究地方发展的关键问题，形成具有针对性和创新性的研究成果。这不仅能够提升科研的质量和价值，还能吸引更多的科研资源和合作机会，促进地方高校科研实力的不断提升。此外，明确科学研究的指向性和实用性能够促进学科建设与地方产业的融合发展。地方高校可以根据地方产业的特点和需求，调整学科布局和研究方向，使学科建设更加贴近地方经济发展的实际。通过与地方企业的合作交流，学科与产业之间能够形成良性互动，共同推动技术创新和产业升级，为地方经济的可持续发展奠定坚实的基础。

（三）开展高水平应用性科学研究

开展高水平应用性科学研究，实现高校在产学研合作中的科技成果的高速转化的主要路径包括良好学术氛围的营造、高质量师资队伍的培养、学生创新能力的培养、科学评价体系的建立、产学研平台的搭建。

第一，良好学术氛围的营造。大湘西地方高校应鼓励学生自由探索、勇于创新，让师生们在开放包容的环境中自由交流思想，围绕地方特色的学术讲座、研讨会等活动的开展为师生提供更多研究地域文化交流和展示的平台，激发教师和学院对本土文化的学术热情和创造力。第二，高质量师资队伍的培养。高校应注重对教师科研创新能力的培养和发展，为教师提供良好的职业发展机会和科研条件，吸引和留住优秀的学者。第三，学生创新能力的培养。"激活学术心脏地带"离不开对学生的培养，地方高校鼓励学生参加与区域文化相关的科研项目、学术竞赛等活动，培养他们的团队合作能力和独立思考能力，为未来区域特色的学术发展奠定坚实的基础。第四，科学评价体系的建立。学科建设是激活学术心脏地带的重要支撑。高校应根据自身优势和社会需求，合理规划学科布局，加强重点学科建设，打造具有特色和竞争力的学科群，注重科技成果的转化和应用，让学术研究真正服务于社会发展和人类进步。第五，产学研平台的搭建。高校还应加强与企业、政府等的合作，搭建产学研合作平台，了解社会需求，明确学术方向和研究重点，提高学术研究的针对性和实用性，让学术成果更好地服务于区域经济社会发展。

二、紧密相连科学研究与产业发展

大湘西高校学科与行业的无缝对接不仅能够促进知识的流动和应用，从高校产学研促进科技成果转化发展的角度来看，有助于提高人才培养水平、促进科技成果的转化和应用、推动产业升级和经济结构调整。

学科与行业的无缝对接有助于提高人才培养水平。传统的教育模式往往注重理论知识的传授，而与实际行业需求存在一定的脱节。通过学科与行业的无缝对接，学科教育能够更加贴近行业实际，将理论与实践紧密结合起来。学生在学习过程中能够接触到真实的行业案例和问题，培养解决实际问题的能力，提高综合素质。同时，这种对接为行业发展提供了充足的人才支持，行业发展需要具备专业知识和技能的人才，而学科的培养目标正是为了满足这些需求。在学科与行业紧密融合的情况下，学科所培育的专业人才有能力更深入地洞察行业的进步动向和需求，从而为行业的创新与进步带来全新的视角和策略，他们能够将所学的知识应用到实际工作中，以推动行业的技术进步和转型升级。

　　学科与行业的无缝对接促进科技成果的转化和应用。科研工作往往是在学科领域进行的，只有将科技成果与行业实际需求相结合，才能真正发挥其价值。通过对接，科研人员能够更加了解行业的痛点和需求，有针对性地开展研究工作；科技成果能够迅速转化为实际的产品或服务，为企业带来经济效益，也为社会发展作出贡献。这不仅提高了科研的效率和实用性，也激发了科研人员的积极性和创造力。

　　学科与行业的无缝对接推动产业升级和经济结构调整。从经济角度来看，学科与行业的无缝对接有助于推动产业升级和经济结构调整。在全球化竞争的背景下，各个行业都在不断寻求创新和发展的途径。通过与学科的对接，行业能够借助科研力量和先进技术，提升自身的竞争力，使新的产业模式和业态得以涌现，促进了经济的多元化和可持续发展。同时，这种对接也带动了相关产业链的发展，形成了产业协同创新的良好局面。此外，学科与行业的无缝对接还有利于促进区域经济的发展。不同地区有着不同的产业特色和优势，与当地学科资源的对接能够更好地发挥区域优势，推动产业集群的形成和发展。这不仅提高了区域的经济实力，也为当地居民提供了更多的就业机会和发展空间。

三、以技术转移为科学研究的目的

　　斋藤优提出技术转移理论，认为技术转移是将技术创新和社会生产进行的有效整合。斋藤优认为，新的科技成果或新技术可以为企业谋求最大利润，可以通过商品输出、对外直接投资、科技成果转让三者有机结合来帮助企业提升收益率。根据这个理论我们可以得知，进行转化的企业往往先把具体内容输出，以此把市场主动权掌握在自己手中，而在利润率下降的情况下，企业可以从具体内容的输出转移到合适时机进行直接投资。最终，企业通过获得技术转移费用来提高收益率，同时将盈利能力下降的技术转移出去。通过这一理论，先进科技成果的转化不但能够帮助企业抢先占领市场的主导权，而且高校科技成果转化可以帮助企业获得新技术。

大湘西地方高校将技术转移作为科学研究的目的，不仅能够推动企业的科技创新，还能为社会经济发展带来巨大的效益。技术转移是指让科学研究成果从实验室走向市场，实现其商业化和产业化的过程。科学研究不是为了追求知识的积累和理论的完善，而是越来越强调将科技成果转化和转移，使其能够实际应用于社会生产和生活，实现现实生产力的转化。以技术转移为目的的科学研究具有以下几个显著特点：首先，它具有明确的目标导向。高校的科研人员在开展科学研究时需要充分考虑技术的应用前景和市场需求，将研究方向与实际应用紧密结合起来。这种目标导向能够确保研究成果更具实用性和针对性，提高技术转移的成功率。其次，它强调跨学科合作。技术转移往往涉及多个学科领域，需要不同专业背景的研究人员共同协作。跨学科合作能够充分整合各方资源，突破学科界限，实现技术的创新和融合。最后，它注重与产业界的紧密联系。科学研究与产业界存在相互促进的关系，以技术转移为目的的科学研究会积极与企业开展合作，了解企业的需求和痛点，将研究成果直接应用于企业的生产实践中，以提高企业的竞争力。

（一）技术转移催生科技成果产业化

大湘西地方高校的科技转移能够促进区域经济增长和创新发展，催生科技成果的产业化。科技的创新和应用是经济发展的重要动力，科技转移可以将潜在的经济价值释放出来，为国家和社会带来实实在在的经济效益。科技转移有助于解决现实社会问题，许多科研项目的出发点就是解决特定的社会需求和问题，将这些科技成果进行转移和应用，可以提高社会的可持续发展能力。

以科技转移为目的能够加强科研与实际需求的紧密结合。在传统的科研模式中，往往存在研究与实际应用脱节的情况，导致一些科技成果难以在实践中得到应用。将科技转移作为目标可以促使科研人员更加关注市场需求和实际应用场景，使研究更具有针对性和实用性。这样不仅能够提高科研的效率和质量，也能够更好地满足社会的需求，避免资源的浪费。同时，科技转移能够促进知识的传播和共享。科技成果的转移不仅是技术的转移，还包括相关知识和经验的传播。通过科技转移，不同领域的专业人士能够相互学习和交流，促进知识的融合和创新，这有助于打破学科壁垒，推动跨领域合作，并进一步推动科技的进步和发展。此外，科技转移对于科研机构和科研人员自身也具有重要意义。从社会整体的角度来看，科技转移能够促进科技与社会的良性互动。当科技成果能够在社会中顺利地应用和发展时，会激发更多的人对科技的兴趣和关注，形成良好的科技文化氛围。这有助于培养更多的科技人才，推动科技事业的持续发展，为社会的进步提供源源不断的动力。

（二）高效技术转移提升科技成果转化率

大湘西高校产学研促科技成果转化目前仍存在转化率不高、对接不畅、机制不成熟、转化意识不强等问题，这是多因素共同作用的结果，但合作方对技术转移过程的把控不当是重要的原因之一。科技成果转化率低的原因有以下几点：一是科技成果转化内生动力不足。二是对科技成果转化的重视程度不够。三是科技成果转化的壁垒较多。

通过优化资源分配、提高成果价值和加强合作等多种方式，地方高校的技术转移成功地提升了科技成果的转化效率，推动了科技成果向实际生产力的转变，为经济社会发展注入了新的活力。首先，技术转移为促进知识和技术的流动在高校、科研院所、企业之间架起了一座沟通的桥梁，增加了科技成果被采用和应用的机会，使科技成果可以与市场需求更加精准地对接。其次，科技成果的深度评估与分析将在技术转移过程中挖掘其潜在价值与应用前景。这对企业更好地理解和把握科技成果有很大的帮助。再次，技术转移可以提供更好的平台以展示和推广科技成果，让更多的企业和投资人通过各种渠道、各种活动了解这些成果，使科技成果的影响力、转化率不断提高。最后，技术转移也能推动产学研合作向纵深发展，加强科研人员与企业的紧密合作，使其更符合市场需求，转化率进一步提升。因此，创新产学研合作的模式和推进技术转移是推动科技成果产业化的先决条件。

（三）激发高校科研人员的内生动力

产业化指向的科学研究有助于激励高校科研人员提升科研水平，为其提供广阔的发展空间；激发高校科研人员的内在动力，促进科技成果转化；强化高校与企业之间的紧密合作，推动区域经济社会发展。

一、提供广阔的发展空间。当科技成果能够直接与市场需求对接，转化为实际的产品或服务时，科研人员能够看到自己的工作所带来的直接影响和价值。这种成就感和满足感能够激发他们更大的热情和动力，促使他们不断深入研究，追求更高的创新成果。二、激发高校科研人员的内在动力，使高校科研人员更加专注于具有产业化潜力的研究方向，更积极地探索前沿技术，寻求解决实际问题的有效途径，从而推动科技的进步。同时，激励机制也有助于吸引和留住优秀的科研人才，避免人才流失，确保高校科研队伍的稳定和可持续发展。三、强化高校与企业之间的紧密合作。科研人员在激励的推动下会更主动地与企业沟通交流，了解市场需求和实际应用场景，从而更好地调整研究方向和策略。这种合作不仅有利于科技成果的快速转化，也为企业提供了创新的源泉和技术支持，实现了高校与企业的双赢。

四、创新网络联盟下推进科学研究

产学研网络联盟是一种创新型的有助于科技成果转化的合作模式，它通过网络平台将高校、科研院所与企业紧密联系在一起。在这个联盟中，通过网络的便捷性，各方能够实时交流与协作，发挥各自的优势：高校提供前沿的基础理论和科技创新；科研院所提供深入的研究和实验；企业提供市场需求的信息和实践经验。在这种模式下，产学研主体之间实现资源共享、优势互补，强化人才的联合培养与交流。联盟内部应设立专门的人才培养计划，鼓励成员单位之间互派科研人员进行短期或长期的交流合作。这样不仅能让科研人员接触到不同的研究思路和方法，拓宽视野，还有助于在不同领域之间建立起有效的沟通桥梁，激发科研人员的创新灵感。同时，共同开展针对青年科研人才的培训项目能够为科学研究储备强大的新生力量。再者，推动跨领域、跨学科的协同研究，打破传统学科界限，鼓励不同领域的科研团队合作开展项目。例如，让生物学与计算机科学相结合，探索生物信息学的新领域；或者将物理学与材料科学融合，研发新型材料。这种跨领域的碰撞与融合往往能够产生具有突破性的科技成果。加强与外部资源的对接和合作同样重要。与国内外其他科研联盟、企业、政府机构等建立紧密联系，引入外部的资金、技术和人才资源。通过合作举办国际学术会议、联合开展科研项目等方式，提升联盟在国际科学界的知名度和影响力。此外，建立科学合理的利益分配机制，确保参与科研合作的各成员单位都能根据其贡献获得相应的回报，从而调动大家的积极性和主动性。明确知识产权的归属和使用规则，保障科研人员的合法权益。

产学研网络联盟使创新更贴近市场需求，能够提升产品的竞争力，促进新时代知识经济的发展。产学研网络联盟可以通过搭建线上平台、共建虚拟实验室、数据共享与分析、智能匹配与对接、网络联盟生态圈建设等方式实现科技成果的高效转化。

其一，搭建线上平台。将高校和企业的丰富资源与多样化需求信息进行有机整合。全力构建专门的、功能强大的网络平台，这一平台的建立将有力促进资源的优化配置，推动产学研合作的顺利开展。其二，共建虚拟实验室，开展远程实验和研究。让高校和企业的科研人员能够更加便捷地进行协作与交流，这大大降低了实验成本，提高了实验效率。让学生能够在更加真实的实验环境中积累经验，提升实践能力和创新能力。其三，利用网络进行数据分析，为创新提供支持。其四，网络联盟生态圈建设。要以技术创新为引领，不断推动新技术、新应用的研发和推广，提升生态圈的技术水平和竞争力，为产业升级和社会发展提供强大动力。建立灵活有效的项目合作机制也是关键。制定明确的项目申报、审批和管理流程，确保项目的顺利开展。根据项目的特点和需求，灵活组建科研团队，充分发挥各成员单位的优势。在项目实施过程中，加强过程监督和评估，及时调整策略和方向，以保障项目达到预期目标。

第二节　培养高素质应用型科技人才

培养高素质应用型科技人才是推动科技进步和经济发展的关键因素。这些人才不仅具备扎实的理论基础，更重要的是能够将科技成果有效地转化为实际应用，为社会带来巨大的价值。高素质应用型科技人才是连接科技与实际应用的桥梁，他们既理解前沿的科学理论，又熟悉市场需求和实际操作，能够将科技成果转化为具有商业价值和社会影响力的产品或服务。他们的出现能够使科学技术发展得更快，提升科学研究的效益，并且能够给予经济发展新的推动力。本节将从以下几个方面探索培养高素质应用型科技人才的途径。

一、培养高素质应用型科技人才的举措

（一）优化教育体系与课程设置

在教育体系方面，可以通过加强高校与科研院所、企业之间的协同合作，建立紧密的联系机制，使人才培养与产业需求更好地对接。同时，鼓励跨学科教育，培养学生具备多元化的知识和技能，使其能够更好地应对复杂的科技问题和实际应用场景。强调以学生为中心，注重培养学生的自主学习能力和创新思维。项目式学习、研究性学习等方式能够让学生在实践中不断提升自己的创新能力和科技成果转化能力。在创新教学方法方面，为了激发学生的学习兴趣和主动性，可采用启发式、探究式、讨论式等教学方法，来培养学生的创新能力。同时，可利用现代信息技术，如在线课程、虚拟仿真实验等丰富教学手段，提高教学效果。另外，可开展小组合作学习，培养学生的团队协作精神和沟通协作能力。

完善课程结构可以采取以下措施：增加实践课程比例，融合跨学科知识，使学生具备全面的知识体系。同时，要注重实践课程的内容设计与实际应用的紧密结合，让学生通过实践操作深入理解科技成果的原理和应用，提高他们将理论知识转化为实际成果的能力。并且，实践课程应与时俱进，及时纳入最新的科技成果和应用案例，让学生能够接触到前沿的技术和方法。融合跨学科知识也是关键所在。鼓励不同学科领域的教师共同合作，设计跨学科课程和项目，让学生在学习过程中打破学科界限，拓宽视野，培养综合运用多学科知识解决实际问题的能力。这种知识架构能帮助学生更深入地理解和处理科技成果转化过程中的复杂问题，为科技成果的高效转化奠定了坚实的基础。另外，还可以通过开设选修课程、举办学术讲座等方式进一步丰富学生的知识结构，激发他们的学习兴趣和创新潜能，为科技成果转化培养更多具备全面素质和创新能力的人才。

此外，在教学中引入前沿科技内容能吸引更多优秀学生投身于科技成果转化领域，为产业发展培养更多具有创新能力和实践经验的高素质人才，为科技成果转化提供持续的动力与支持。在课程设计里增添与创业相关的内容，如创业案例分析、创业机会识别、商业模式设计等，能够让学生在学习专业知识的同时，接触到创业的实际操作。结合学科特点，设计一些具备创新性和实践性的教学项目，引导学生通过实践来掌握知识和技能，培养其创业能力。鼓励学生参与科研项目，培养学生的科研能力与创新精神，为他们未来的创业奠定基础。

（二）推动高校产学研深度合作

高校产学研深度合作是推动科技成果转化的有效途径，它能实现各方资源的优势互补，加速科技成果向现实生产力的转化，有助于区域经济的发展。通过高校产学研深度合作来促进科技成果转化已成为实现科技创新与经济发展紧密结合的关键举措。以下是一些推动大湘西高校产学研深度合作的可行路径：

一是在校内建立创业孵化基地或众创空间，为学生提供创业实践的场所和资源，如办公场地、设备设施、资金等。二是为学生提供展示和交流的平台，以激发学生的创业热情，加强沟通与协作机制，建立高校与企业之间的沟通渠道，定期开展交流活动，增进双方的了解和信任。三是强化科研项目合作，高校与企业共同开展科研项目，将企业的实际需求与高校的科研优势相结合，通过项目合作促进科技成果的产生和应用，提升双方的科研水平和创新能力。四是建立项目跟踪和评估机制，及时调整合作策略，确保项目的顺利实施和成果转化。五是深化产业对接，定期举办产学研对接活动，邀请相关企业和科研院所参加，展示高校的科技成果，促进科技成果与市场需求的对接。

（三）培养创新能力和创业精神

高校作为人才培养与科技创新的关键阵地，承担着培养学生创新能力和创业精神的重大使命。借助培养学生创新能力和创业精神，高校能够推动科技成果转化，从而为经济社会发展作出贡献。以下是高校培养学生创新能力和创业精神以促进科技成果转化的具体路径：

其一，优化课程设置，构建创新教育体系。增添创新创业课程，如创新创业基础、创业管理、创新思维训练等，使学生能够系统地学习创新创业知识与技能。融入专业课程，即在专业课程里融入创新创业元素，以培养学生在专业领域内的创新能力与创业意识。开设跨学科课程以培养学生的综合素养与跨领域创新能力。其二，强化实践教学，提升学生创新能力。加强实验教学环节，让学生能够通过实验操作提升动手能力与创新思维。与企业合作构建实习实训基地，使学生在真实的工作环境中锤炼创新能力与实践能力。组织学生参与科研项目、创新创业项目等，培养学生的团队合作能力以及创新实践能力。其三，打造创新创业平台，提供实践机会。建设创新创业实验室，为学生提供创新实验和研发的场地；建立创新创业孵化基地，给学生的创业项目提供孵化服务与支持；举办各类创新创业竞赛，激发学生的创新热情与竞争意识。

高校培养学生创新能力和创业精神以促进科技成果转化是一个系统工程，需要高校在课程设置、实践教学、平台建设、师资队伍建设、文化氛围营造等方面齐心协力，为学生提供全方位的创新创业教育和实践机会，培养学生的创新能力和创业精神，进而推动科技成果转化。

（四）加强科研与实践教学环节

地方高校应依据社会需求和产业发展趋势，设立更多具备应用价值和实践意义的科研项目，引导教师和学生关注现实问题，对接产业需求，并积极与企业等开展合作，了解其实际需求，有针对性地开展科研项目，促使科技成果更贴近市场。以下是加强科研与实践教学环节的具体路径：

一是优化实践教学体系。增加实践课程比重，需在教学计划中适度增加实践课程的数量和学分，保证学生有充足的时间和机会进行实践操作；丰富实践教学内容，应结合科研项目，设计具有创新性和挑战性的实践教学内容，使学生在实践中提升能力。二是搭建科研实践平台。建设实验室和科研基地，要加大构建先进的实验室和科研基地的投入，为学生提供优良的科研实践环境；打造创新创业平台，建立创新创业孵化中心、科技成果转化中心等平台，为学生的科技成果转化提供支持和服务。三是促进科研与实践教学融合。将科研项目融入实践教学，引导学生参与科研项目，让实践教学成为科技成果产生和转化的重要环节；在科研中培养实践能力，通过科研活动，让学生在解决实际问题中提升实践能力和创新思维。四是建立协同创新机制。与企业协同合作，加强与企业的深度合作，建立产学研协同创新平台，共同开展科研和实践教学活动；与科研院所协同创新，和其他科研院所进行合作交流，整合资源，形成协同创新的合力。

二、打造高水平创新型教师队伍

在当今时代，教育面临着新的挑战和机遇，地方一部分高校教师从传统型向创业型转变成为一种必然趋势。以下是具体的方法路径：

（一）强化教师培训成长体系

构建多元化的培训模式，包括线上线下结合、专题讲座、工作坊、实践演练等模式，以满足不同教师的学习需求和风格。与国内外知名教育机构和专家合作，引入先进的教育理念和教学方法，拓宽教师的视野和思维边界。建立教师专业成长档案，跟踪记录教师的培训经历、教学成果和专业发展情况，为教师进行个性化指导提供依据。鼓励教师参加国内外学术会议和研讨会，加强学术交流与合作，及时掌握学科前沿动态。

设立创新教学实践项目基金，鼓励教师申请并开展具有创新性的教学实践。组织教师参与企业实践项目，了解行业动态和实际需求。学校可以定期组织创新教学实践成果展示活动，让教师们分享自己的经验和成果，互相学习和借鉴。同时，邀请专家与学生进行评价和反馈，以便教师们进一步优化和改进自己的教学实践成果。对于取得显著成效的创新教学实践项目给予额外的奖励和表彰，激发教师们更大的积极性和主动性。总之，教师从传统型向创业型的转变是一个长期而持续的过程，需要教师自身的努力和外界的支持。只有这样，才能更好地适应时代的发展，培养出具有创新精神和创业能力的优秀学生，为社会的发展和进步作出更大的贡献。

定期组织教师专业成长研讨会，分享他们的经验和成果。定期组织的教师专业成长研讨会则为教师们搭建了一个开放共享的交流平台。搭建跨学科教师交流平台能够促进不同学科教师之间的合作与交流。举办跨学科教研活动，在活动中，教师们可以共同探讨不同学科之间的融合点和衔接处，他们可以围绕一个特定的主题或问题，从各自学科的角度出发，进行深入的分析和研究，然后汇聚众人的智慧，形成综合性的解决方案。同时，还可以组织跨学科的教学观摩活动，让教师们实地感受不同学科教学的特色和魅力，从中汲取有益的经验。鼓励教师们组成跨学科的教研小组，共同开展课题研究和项目实践，将跨学科的理念真正落实到具体的教学行动中，解决教育教学中的难题。

（二）营造创新创业文化氛围

传统型教师往往注重知识的传授，而创业型教师需要树立新的理念。创业型教师要认识到培养学生的创新精神、创业意识和实践能力的重要性，要将创业教育融入日常教学，鼓励学生敢于尝试、勇于探索。学校管理层要树立创新引领的理念，鼓励教师勇于尝试新的教学方法和手段，对创新行为给予充分肯定和支持；开展各类创新竞赛和活动，如教学创新大赛、科研创新项目等，激发教师的创新热情和竞争意识；建设创新型校园文化，通过校园环境布置、文化活动等方式，营造鼓励创新、宽容失败的氛围；建立创新激励机制，对在教学创新、科研创新等方面取得突出成绩的教师给予物质和精神奖励。创业型教师通过案例分析、模拟创业等教学方式，让学生在课堂上就能接触到真实的创业情境，提升他们的创新能力和解决问题的能力。创业型教师帮助学生识别创业机会，根据学生的兴趣、特长和专业背景，引导学生找到适合自己的创业项目。创业型教师指导学生撰写创业计划书，对项目的可行性进行分析和评估，帮助学生完善项目方案。

（三）优化教师评价指标体系

改变传统的以学生成绩为主要评价指标的模式，增加对教师创新能力、教学方法、专业素养等方面的考量。引入多元化的评价主体，包括学生、家长、同行、专家等，全面客观地评价教师的工作表现。建立动态的评价机制，根据教师的专业发展和工作表现及时调整评价结果，以激励教师不断进步。注重过程性评价，关注教师在教学过程中的创新行为和努力，而不仅仅是最终的教学成果。教师作为知识的传播者和创新的推动者，其在科技成果转化中的作用不容忽视。为了更好地促进科技成果转化，优化教师评价指标体系是一条重要的具体路径。

首先，要将科技成果转化的成效纳入教师评价指标。传统的教师评价往往侧重于教学和科技成果的数量，如发表的论文、承担的课题等。但为了突出科技成果转化的重要性，应将成果转化的实际效果，如技术转让的金额、与企业合作产生的经济效益等作为重要的评价维度。这将引导教师更加注重将科技成果推向市场，实现其实际价值。

其次，增加对教师创新能力和实践能力的评价权重。科技成果转化需要教师具备敏锐的创新思维和较强的实践操作能力。在评价体系中，可以通过考查教师提出的创新性想法、参与的实际项目以及解决实际问题的能力等方面来衡量其创新能力和实践能力。这样能够鼓励教师积极参与科技成果转化的全过程，而不仅仅局限于理论研究。

再次，引入多元化的评价主体。除了学校内部的领导和同行评价外，应引入企业、行业专家等外部主体参与教师评价。这些主体能够从市场和实际应用的角度出发，更准确地评估教师科技成果转化的能力和效果。在评价指标体系中，明确对在科技成果转化方面有突出表现的教师给予相应的奖励和荣誉，如设立专项奖金、优先晋升等。科技成果转化往往需要多学科、多领域的教师合作完成。在评价指标体系中，要充分考虑团队合作的成果和贡献，避免只关注个人的成绩，这样可以促进教师之间的协作与交流，形成合力推动科技成果转化。

最后，建立动态的评价指标体系。科技成果转化是一个不断发展和变化的领域，评价指标体系也应与时俱进，根据实际情况进行调整和完善。定期对评价指标进行审查和更新，确保其能够适应科技成果转化的新要求和新趋势。通过优化教师评价指标体系，将科技成果转化的因素充分融入其中，可以有效地引导教师关注和参与科技成果转化工作，为推动科技创新和经济发展作出更大的贡献。这需要学校、企业和社会各方共同努力，为教师创造良好的科技成果转化环境和条件。

（四）搭建教师合作交流平台

建立校内教师合作团队，鼓励不同学科、不同年级的教师共同开展教学研究、课程开发等活动，促进知识共享和协同创新。加强校际教师交流与合作，通过互派教师、联合教研等方式，促进优质教育资源的共享和互补。利用现代信息技术，搭建教师网络交流平台，方便教师随时随地进行交流与合作。与企业、科研机构等建立合作关系，为教师提供实践锻炼和合作研究的机会，提升教师的实践能力和创新水平。搭建教师合作交流平台则是促进科技成果转化的关键路径之一。再者，加强与外界的交流和合作。与其他创业型教师、企业家、投资机构等建立广泛的联系，分享经验、交流思想、寻求合作机会。通过合作，可以获取更多的资源和支持，也能从他人的成功与失败中汲取教训，加速自己的成长和转型。

加强与企业的合作对接，积极邀请企业入驻平台并与教师合作洽谈。一方面，企业可依据自身需求在平台上找寻适宜的科技成果进行转化。另一方面，教师也能更好地了解市场需求并调整科研方向。平台可组织企业与教师的专场对接会，提供一对一的沟通契机，以提升合作成功率。提供专业的技术转移服务，在平台上配备专业的技术转移人员，为教师提供从科技成果评估、知识产权保护到商业谈判等一系列技术转移服务，助力教师解决在科技成果转化过程中遭遇的各类问题，提高科技成果转化效率与成功率。建立跟踪与反馈机制，对平台上开展的合作项目和科技成果转化情况进行追踪，及时收集反馈信息。依据反馈结果不断优化平台的功能和服务，以更好地推动科技成果转化。总之，搭建教师合作交流平台、整合各方资源、优化转化路径能够极大地提升科技成果转化的效率与成功率，为推动科技创新和经济发展作出积极贡献。

第三节　发展高质量创业型高校模式

发展创业型高校模式是地方高校适应经济社会发展的需要。该规模能够搭建出更好的产学研合作平台，促进科技成果向现实生产力转化，为地方经济的发展提供强有力的支撑。发展创业型高校模式有利于整合各方资源，增强科技成果转化的针对性，营造良好的科技成果转化氛围，有助于建立长期稳定的产学研合作机制，使得科技成果转化的效率和效益持续提高，是推动地方高校实现高质量发展的关键举措和重要途径。

一、发展创业型大学模式

创业型大学是大学发展的一种新模式。创业型大学主动融入社会经济发展，把知识创造、传播和运用紧密结合起来，能够有效促进产学研深度融合，加速科技成果转化和产业化，是不再局限于传统的教学科研职能的新模式。创业型大学注重通过产学研合作等方式，与企业、政府等进行深度的合作与交流，把知识转化为实际行动有助于打破传统大学与社会经济之间的障碍，促进科技成果转化，为社会创造更多的成果转化价值和成果应用价值。地方高校发展创业型大学能够适应地方科技成果转化发展的需要，满足地方对创业型人才的需求，为地方经济转型升级提供强有力的支撑。创业型大学对于推动科技成果转化具有重要作用：一方面，创业型大学在课程设置上增加创业基础、创新思维等相关课程，通过开展实践教学等帮助学生提升理论与实践的综合能力，推进科技成果转化进程。另一方面，创业型大学积极建设创新创业平台，为产学研合作与科技成果转化提供资源支持。相对于传统的大学模式而言，创业型大学更加强调创新与创业，以推动科技成果转化为重要目标；传统大学则主要侧重于知识传授和学术研究。

创业型大学通过产学研合作等多种方式拓展资源渠道，积极与企业、政府等紧密合作，注重知识的应用和科技成果的转化，以提高科技成果转化成功率。创业型大学通过专门的机制和平台推动科技成果转化与产业化，给地方高校带来经济效益。合作发展创业型大学可以更有针对性地为地方发展提供解决方案和服务，深入了解地方需求和问题，利用科技成果转化解决地方需求问题。在发展创业型大学的过程中，地方高校还需要加强自身建设，打造一支具有创新精神和创业能力的教师队伍，引导学生在实践中实现科技成果转化，树立正确的科技成果转化理念，培养转化思维和转化能力，为发展创业型大学提供强有力的技术支撑，并促进科技成果转化进程。

二、培养创新创业型人才

创新创业型人才是具有一系列特质和才能，能够推动产学研合作与科技成果转化的关键力量。各地方高校在创新创业教育与创新创业师资建设中要充分利用地方高校得天独厚的优势和资源，培养学生敏锐的市场洞察力，引导学生开展科技成果转化项目，推动科技成果转化进程。在培养创新创业型人才的科技成果转化过程中，应用性是关键。注重实践教学，提高科技成果转化课程的比重，以及为学生提供科技成果转化实习和实践锻炼的机会。鼓励教师通过各种创新创业大赛，激发学生的创新思维和创造力，培养学生解决实际问题的核心能力，将科技成果转化为实际应用。同时，建立创新激励机制，对高校科技成果转化突出的创新创业型人才给予奖励和支持；综合性要求地方高校在培养科技成果转化人才方面，促进不同学科知识的融合与交流，共同开展科技成果转化项目，提高科技成果转化市场竞争力。

地方高校要充分发挥地域优势、应用优势、创新优势、综合优势等建立创新创业导师库，邀请各行各业的成功人士组建导师人才库，面向社会各界开展科技成果转化素质培养课程。创新创业型人才可根据自己的科技成果转化项目需求，从导师人才库中获得指导与建议，提高科技成果转化项目成功率。不仅如此，针对创新创业相关领域，通过设置科技成果转化研究课题，培养创新创业型人才的科技成果转化理论和实践应用的综合能力，将实践融入科技成果转化，进一步提升创新创业型人才的应变能力。

创新创业教育是以培养学生的创造能力、创新思维、创业意识为宗旨的教育，是一项产学研合作与科技成果转化的综合性教育。创新创业教育的开展能使学生的综合素质和综合能力得到全面的提升。在创业能力方面，创新创业教育开设包括市场调查、市场推广等方面的课程。让学生通过市场需求导向学习创新创业知识和技能，把创新理念融入实践。在创新思维方面，要培养学生创新创业能力，需突破传统思维定式，运用创新思维开拓全新的科技成果转化思路，通过创新创业教育培养创业意识，推动学生实现自我价值。当前，创新创业教育已成为地方高校促进科技成果转化的重要手段，建设科技成果转化课程体系对培养创新创业人才至关重要。在实践教学方面，通过搭建科技成果转化实践平台深入了解创新创业动态及企业运作模式，以推动科技成果转化进程。创新创业教育中的激励机制能激发学生的科技成果转化热情，能够帮助学生在一定程度上开展科技成果转化活动。在创新创业教育中，要注重团队合作精神的培养与学生领导能力的培养，通过增进沟通以及与社会各界的交流推动科技成果转化的发展。同时，创新创业教育还可以与政府、企业、科研院所等建立密切的合作关系，通过合作拓宽学生的科技成果转化视野，学习先进的科技成果转化理念和经验，培养科技成果转化人才。

三、提高创新创业的能力

创新创业能力的提高是提升产学研合作质量与加快科技成果转化、推动科技进步的关键因素。通过提高创新创业能力发现科技成果转化新问题，制定可行的科技成果转化模式，创造打破常规思维的独特创新方法，提高科技成果转化成功率。同时，创新创业能力也体现为具备良好的沟通能力和人际交往能力，以及敏锐地捕捉科技成果转化机遇的能力。提高创新创业能力是地方高校适应经济社会发展的需要，也是推动地方科技成果转化的需要。创新创业能力的提高使学生有机会更好地实现自身价值，对教育教学改革起到了促进作用，促使地方高校不断更新科技成果转化理念，更新科技成果转化方式等，以提高科技成果转化质量，帮助地方高校培养高质量的科技成果转化人才。提高创新创业能力的关键是要持续地学习，积极参与科技成果转化项目活动，积累科技成果转化经验，并对科技成果转化目标市场的需求、痛点、竞争状况有深入的了解，从而对创新点、商机进行精准的定位。与此同时，还可以搭建科技成果转化实践平台等，为学生提供实践空间和资源，通过实践提高科技成果转化能力。此外，为提高科技成果转化能力，地方高校还可以通过加强师资力量建设，引进具有丰富科技成果转化经验的教师为学生提供良好的学习资源，优化课程设置，增加与提高科技成果转化能力相关的必修课程和选修课程等；通过建立产学研协同机制，为学生提供培养科技成果转化能力的实习和实践机会，通过开展形式多样的创新创业讲座、座谈会等，激发学生的创新积极性，提高学生的科技成果转化能力。

第四节　大力促进区域创新体系发展

促进区域创新体系发展能够加强区域内产学研的协同合作，促进高校、企业、科研院所等紧密互动，提高创新效率和科技成果转化水平。区域创新体系能提供更完善的创新生态环境，为科技成果转化创造有利条件，它有利于整合区域内的各种创新资源，促进知识和技术的流动与扩散，更好地解决科技成果转化过程中遇到的问题和障碍，为科技成果转化提供强大的支撑。本节将从区域创新的环境因素、区域创新体制措施两个方面探索促进区域创新体系发展的途径。

一、区域创新的环境因素分析

（一）创新环境的概念和内涵

卡马尼指出创新环境是一个在地理上有界限的、在区域上由非正式的社会关系组成的复杂网络。科技成果转化中的创新环境是指能够激发创新的一系列综合条件和氛围，能够促进创新成果的产生和应用，是围绕科技成果转化的过程而形成的。有利的创新环境包括政策体系、资金支持、人才丰富、技术完善、市场活跃、创新氛围包容、知识产权保护体系良好等。创新环境在科技成果转化中具有开放性、多元性、包容性、激励性等特点，在创新环境中，多元主体共同参与科技成果转化，给予科技成果转化项目尝试空间，推动科技成果转化。总之，科技成果转化中的创新环境是由政策、资金、人才、市场、文化等各种因素相互影响、共同创造的多元环境，有利的创新环境对促进科技成果顺利转化以及创新发展具有至关重要的作用。

科技成果转化中的创新环境是指围绕科技成果转化这一过程所形成的一系列综合条件与氛围。其一，政策环境是创新环境的重要组成部分，如政府通过出台税收优惠政策、财政补贴政策、科技成果转化平台和科技中介服务机构支持政策等，减轻创新主体的创新负担、降低创新主体的创新成本和风险、保障创新主体的合法权益。其二，资金环境是创新环境的关键依托，充足多元的资金来源为科技成果转化创新环境提供了充足的金融资源保障。其三，人才环境是创新环境的核心要素，科技成果转化需要顶尖的科研人才、工程技术人才、技术研发人才等，他们具备深厚的专业知识、专注于将理论转化为实际，并从不同领域推动科技成果转化发展，为科技成果转化带来新思路与新机遇。其四，市场环境是创新环境的创新导向，活跃的市场交易氛围为科技成果转化提供广阔的交易空间。充分的市场竞争促使科技成果转化不断优化提升，激发科技成果转化的创新活力。科技成果转化中的创新环境是各方面相互影响、复杂多样的系统。一个良好的创新环境可以最大限度地激发创新活力，促进科技与经济紧密结合，提高科技成果转化的效率和成功率。

（二）区域创新环境的基础设施

创新环境基础设施包括科研基础设施、信息基础设施、服务基础设施等。科研基础设施，如实验室、科研仪器设备等，是开展高质量、高转化科技成果的必备条件，为推动科技成果转化的科研工作提供硬件支撑，决定了创新的高度和深度。区域创新环境评估体系是对特定区域创新环境条件进行综合系统的分析评估，涵盖了政治、人才、信息、基础设施、市场等多个层面和维度。不仅如此，对创新环境中各创新主体之间的互动程度、政策支持力度、基础设施的完备程度等进行评估，可以为创新环境的进一步优化和提升提供科学的基础以及优化方向的指引。通过区域创新环境评估体系，我们可以对创新环境在区域创新中的不足有更清晰的洞察，通过明确不足方面，对创新环境进行升级调整，使之更符合区域创新环境发展需求。此外，准确评估创新环境的完备程度能够促进不同领域的科技成果转化有序开展，激发更强的创新活力，促进区域经济高质量发展，为区域可持续发展注入持续动力。

区域创新环境评估体系的发展更新对于促进区域创新、实现高质量的经济社会发展具有不可替代的重要作用。可以从以下几个关键方面着手：一是发展区域创新环境评估体系的考核指标体系，确定创新环境具体量化指标与新兴技术领域发展指标等针对性指标数据，将其纳入区域创新各个环节的评估当中进行全面深入研究，更准确地反映区域创新环境的实际情况，并对措施的实施效果进行跟踪，使之形成促进区域创新环境优化提升的良性循环。二是建立一个广泛收集各创新主体科技成果转化的数据收集库，利用大数据分析技术深入分析科技成果转化问题，动态调整区域创新环境评估体系，推进评估体系不断健全和发展。这些措施的全面落实能使区域创新环境评价体系得到有效发展和完善，更有力地支持区域创新发展。

二、建构区域创新体系策略

当今时代，创新已成为推动经济社会发展的核心力量。构建合理且高效的区域创新体系至关重要。区域科技创新体系由三个部分组成：一是主体要素，包括区域范围内的高校、各类企业、科研院所、科技中介机构以及地方政府。二是功能要素，包括区域范围内的制度、技术、管理和服务等创新要素。三是环境要素，包括基础设施建设和保障条件等，如保障机制、政府机构或法制保障等。建设区域创新体系是国家创新体系运行的前提和组成部分，没有区域创新体系的内外协调，国家创新体系的质量和效率就无从谈起。

（一）加强区域科技资源整合

整合资源可以打破各主体之间的壁垒，实现信息互通、资源共享，让科技成果的转化更加顺畅。企业能够更便捷地获取所需的技术和知识，高校和科研院所也能更好地了解市场需求，从而调整研究方向和成果应用。

加强区域科技创新资源整合，可以从以下几个方面进行：

一是建立区域科技创新资源共享平台。通过数字化技术整合区域内各类科研设施、仪器设备、数据资源等，打破信息壁垒，实现资源的高效利用和便捷共享，以深化产学研合作机制。二是建立跨区域的合作机制，促进不同地区之间科技创新资源的互通，共同攻克关键技术难题，提升区域整体创新水平，推动科技金融融合。三是通过设立科技投资基金、完善科技信贷等方式为科技创新提供充足的资金支持，促进资源与资本的有效对接。四是制定并完善相关政策，引导和鼓励科技创新资源的整合与共享，营造良好的创新生态，强化产业集群创新。围绕区域特色产业，整合相关科技创新资源，提升产业集群的创新能力和竞争力。

以上多种路径的综合实施能够有效加强区域科技创新资源的整合，为区域经济社会发展提供坚实的科技支撑。整合后的资源能够为科技成果转化提供更全面的支持，包括资金、人才、实验设施等方面，使科技成果转化的各个环节得到有效保障。

（二）改造地区传统产业升级

怀化区域的传统产业普遍较为落后，技术水平不高，产品质量不高，企业效益不佳，难以担当起应有的责任，所以传统产业的转型已是当务之急。传统产业要实现结构升级迫切需要技术创新，建立区域创新体系。根据当前全球科技经济高速发展的趋势，大力发展高新技术产业是技术创新的主要方向，其中很重要的一个方面就是改造传统产业的生产工艺、工艺设备、科学管理，大量吸收和采用高新技术，促使传统产业的技术基础向高新技术转化。

目前，怀化区域切实地把创新落实到企业、产业和发展上，正在加快探索培育和发展具有怀化特色的新型生产力道路。据悉，怀化区域将在加快科技成果转化、布局核心技术研发、强化企业科技发展创新、打造高能科技平台、培育科技创新人才以及优化科技创新生态这六项工作上，持续坚定不移地锚定目标，高质量、高效率地推进各项任务落实落地，努力在人才、平台、产业、技术等方面抢占高点，从而为怀化区域加快推进科技创新，为湖南省打造科技创新核心竞争力高地贡献力量。对于怀化区域而言，传统产业若要实现结构升级，至关重要的是技术创新以及区域创新体系的建立，通过振兴传统产业和进行技术创新，提升传统产业的经济效益和社会效益，利用高新技术对传统产业进行改造，在提高劳动生产率的过程中，促使机械化向智能化、自动化过渡。

（三）发展区域文旅特色产业

湖南省文旅厅 2024 年发布的《雪峰山文化和旅游发展规划（2023—2035 年）》指出："支持怀化市文化科技融合创意产业园进行景区化建设，力争创建国家级文化产业和旅游产业融合发展示范园区。"[①]省委、省政府在 2024 年《湖南省现代化产业体系建设实施方案》中提出："加快旅游基

---

① 湖南省文化和旅游厅关于印发的《雪峰山文化和旅游发展规划（2023—2035 年）》的通知[EB/OL](2024-01-05).http://whhlyt.hunan.gov.cn/whhlyt/xxgk2019/xxgkml/zcwj/zcfg_115485/202401/t20240105_32619839.html.

础设施建设、智慧文旅信息系统建设和重点景区数字化改造，推动"旅游+"融合发展和"畅游湖南"工程建设。"[①] 这些政策为怀化打造世界区域文化旅游名片带来新的发展契机。怀化市共有 4A 级景区 16 个，居全省第 4 位，但其缺乏核心吸引力，在全国乃至全省旅游版图上缺乏辨识度和关注度。因此，发展区域经济文化，找准定位是关键。

1. 深度挖掘地域特色资源

怀化地区坐拥众多别具一格的文旅资源，如少数民族文化、传统古村落、名胜风光等。怀化也是我国南方农耕文明的重要发祥地。发展特色区域经济需深入调研并梳理这些资源，对其进行系统性的评估与分类，以筑牢后续开发利用的根基。与此同时，必须高度重视这些资源原真性与完整性的保护，令其传承与延续彰显价值。

2. 强化品牌建设

塑造具有怀化特色的文旅品牌乃是提升区域影响力的关键要点。通过提炼区域独有的魅力以及核心文化价值，塑造出鲜明的品牌形象，并展开广泛的宣传推广，借助各类媒体、活动以及渠道，使更多人知晓并了解怀化的文旅特色；现代数字化技术的运用给文旅行业的管理效率与服务质量带来全新的发展契机，可以通过开发智慧旅游平台，以及利用虚拟现实等技术增强游客体验，提升文旅产业的数字化水平；加大通过多种渠道对怀化地区农耕文化旅游名片"一粒种子·改变世界"的宣传力度，提升其知

---

① 湖南省人民政府办公厅关于印发《湖南省现代化产业体系建设实施方案》的通知[EB/OL].(2023-12-29).http://www.hunan.gov.cn/topic/cjz/cjzzcwj/cjzsjzc/202312/t20231229_32621524.html.

名度与影响力；开发多样化、个性化的文旅产品乃是吸引游客的重要举措，结合特色资源，打造特色旅游线路、主题文化馆、非遗文化体验项目等。

3.注重区域文化产品的创新

持续推陈出新，以满足游客日益多样化的需求，增强市场竞争力。强化区域合作，加强与周边地区的合作与联动，构建区域协同发展的格局。共同打造旅游线路、开展联合营销推广等，以实现资源共享、优势互补。通过区域合作提升整体竞争力，扩大市场影响力。

（四）激活地方中小企业活力

相较于大企业，中小企业的发展更依赖外部因素，故而要全力为中小企业的迅速成长营造优良环境。中小企业乃是未来经济竞争力的关键源头，也是国家经济发展的活力所在。在激活区域经济的有效增长、提升企业素质与产品竞争力以及推进科技成果转化等方面，中小企业在区域创新发展中起着极为重要的作用。

1.提升中小企业的创新能力与科技素养

开展具有针对性的培训和教育活动，让企业管理者和员工明晰科技成果转化的流程与要点，掌握相关技术和技能，如此便能增强企业内部的创新氛围，提升企业对科技成果的吸收和运用能力。此外，优化地方营商环境也不容小觑，应简化行政审批流程，减轻企业行政负担，为中小企业打造一个宽松、公平、有序的发展环境，使企业可将更多精力投入科技成果转化和业务发展中。

2.激活中小企业的活力以推进科技成果转化，关键在于技术创新

由于中小企业在技术创新方面缺乏强大的经济实力做支撑，信息资源较为匮乏，不具备开展大规模科学研究与开发的条件，其风险承受能力也比较低，且企业内部管理水平有限，致使其技术创新受到一定制约。因此，中小企业要提升自身管理能力，优化管理模式和流程，提高运营效率；要注重人才的培养与引进，打造高素质的创新团队，为技术创新提供智力保障；要积极营造创新氛围，鼓励员工勇于尝试和探索新事物，激发员工的创新潜能。

3.形成一个协同发展的区域创新体系

从创新环境来看，需要加强区域创新体系的构建，促使要素市场得以建立，市场机制得以完善，如商品市场、人才市场、劳务市场、资本市场、技术市场等。同时，要组织地方高校、科研院所、政府机构、企业单位以及科技中介等形成一个协同发展的区域创新体系。

（五）建构府际科技共建模式

府际科技共建是在科技领域，不同地区或不同层级的政府合作共建的一种模式，且是以科技成果转化为背景的科技共建模式，其旨在提高科技成果转化效率，促进经济社会发展，并且通过整合各方资源，加强区域间协同创新。同时，府际科技共建也是指各级政府为制定和落实科技政策而形成的一种互动合作机制。府际科技共建具体措施可以从以下几方面展开：

第一，府际科技共建可以通过建立资源共享平台来实现资源共享和配置优化，打破地区间的资源壁垒，促进资源流动和优化利用。第二，府际科技共建可以制定统一的政策框架和标准，确保政策的连贯性，从而使政策在不同区域的落实能够具有一贯性。第三，各地政府可联合制定产业发展规划，引导企业形成产业集群和创新生态，提升各地的行业竞争能力和创新能力。第四，府际科技共建的服务平台为科技成果转化提供全方位的服务支撑，降低各创新主体的科技成果转化风险，提高服务质量和效率。第五，政府共建共担风险机制，通过共同出资支持科技成果转化项目，设立项目基金，对转化不成功的项目给予一定风险补偿。第六，府际科技共建信息交换平台以实现科技信息传递和共享系统化，提高科技成果转化的针对性和时效性。第七，各地政府可以进行项目联合申报合作，通过项目合作实现优势互补和提升科技成果转化质量及产业化水平。府际科技共建通过政府间的协作将分散的资源进行有效整合，打破行政辖区限制，推动科技要素自由流动，吸收各区域先进的科技成果与转化经验，解决各区域之间的科技成果转化问题。

（六）市场化驱动成果的转化

在科技成果转化中，市场化驱动是指依靠市场机制，推动科技成果从研发阶段向实际应用和商业化的过程，是以市场为导向，引导创新资源向具有市场前景的领域聚集。市场化驱动以市场为核心，充分利用市场机制的力量，推动科技成果与市场需求紧密结合，以实现科技成果的价值最大化和经济社会的可持续发展。市场化可以通过以下方式驱动科技成果的转化：

一是将市场需求作为直接导向。市场的动态变化和实际需求为科技成果的研发方向提供指引，促使创新主体围绕市场需求有针对性地开展研发转化工作，让科技成果更契合市场需要。二是通过经济价值的体现来驱动。市场竞争使得科技成果以产品或服务形式进入市场并获得经济回报，这种回报激励着更多的创新投入，进而推动科技成果的持续转化。三是提升转化效率。市场的急切需求会促使各方加快转化进程，精简不必要的环节，迅速将科技成果推向市场以满足其需求，从而提高整体转化效率。四是资源优化配置依据市场信号，将资金、人才、技术等资源集中到有前景的科技成果和项目上，实现资源的高效利用，减少资源闲置和浪费。五是带动产业升级，推动相关产业的技术进步和创新，调整科技成果转化结构，提升其竞争力，促进产业的发展和升级。

此外，市场主体之间的合作和交易也是市场化驱动的内容。通过合作研发、技术转让等方式，促进企业与企业、企业与科研院所之间的科技成果在市场中的流动和转化，最大限度地实现资源的优化组合与最大价值。市场化驱动体现出对市场需求的强大引领作用，能够激发相关科技成果的转化动力，促使各方投入资源推动其走向实际应用，引导创新资源向具有良好市场前景的科技成果聚集，避免了资源的浪费。市场化驱动通过促进市场主体间的合作与交易进一步推动了科技成果的转化和资源的优化利用。

第五节 促进产学研与科技成果转化策略

本节针对怀化高校产学研合作与科技成果转化问题给出策略建议，旨在通过健全合作保障体制、加强资金规划管理、加强政府引导、丰富专业平台与机构中介等措施，来提升怀化高校在产学研合作与科技成果转化方面的能力和水平。通过这些策略的实施，实现怀化经济的可持续增长和跨越式发展。

一、健全合作保障机制

（一）完善主体利益保障机制

完善的利益保障机制是保障怀化高校产学研合作与科技成果转化的关键要素，怀化地区缺乏完善的利益保障机制可能导致各方参与主体的积极性受到影响，使得产学研合作难以深入开展，科技成果转化效率低下，阻碍了怀化高校科技创新能力的提升以及怀化地区经济的发展。基于此，怀化地区需对利益保障机制进行完善。一是要明确利益分配原则，在知识产权、科技成果转化收益等方面明确规定产学研各方的权利，以界定各方的权益。二是在知识产权的归属和管理上详细制定收益分配比例和方式，用于科技成果转化收益的分配。三是建立风险承担机制，通过界定的风险比例明确各方在风险出现时应承担的责任和义务，同时设立风险储备金，在风险来临时用来保障怀化产学研合作与科技成果转化进程。四是建立评价制度，对科研人员进行评价，并以此为利益调整的基础。五是建立监督执行机制，通过建立惩处违规行为的监督制度，可以减少利益矛盾的摩擦，进而保障科研人员的权益。完善的利益保障机制无疑是推动怀化高校产学研合作与科技成果转化的重要保障。构建并不断健全利益保障机制能够最大限度地调动起各方参与的积极性，有力地促进合作的稳定与可持续发展，吸引更多丰富的资源投入其中，切实保障科研人员的合法权益，提高怀化产学研合作成效与科技成果转化效率，进而为怀化区域科技创新和经济发展注入强大动力。

（二）强化创新创业制度建设

强化创新创业制度建设是推动怀化高校产学研合作与科技成果转化的重要助力，能够使高校的科技成果更加顺畅地与企业的实际需求对接，实现优势互补、互利共赢。在资源保障体系方面，可以建立灵活的资金分配机制，可以进行专利申请、著作权保护等措施，强化知识产权保护。在信息共享体系方面，可以制定信息共享规范和奖励办法等，构建高效的信息共享平台，推动知识流通、科技流通等。在考核评价体系方面，可以建立创新绩效考核指标体系，将成果转化成效等纳入考核的范围当中，这对保障怀化产学研合作和科技成果转化起到一定的作用。在政策扶持体系方面，可以在审批等环节对创新项目开辟绿色通道，出台针对性政策，如税收优惠、创新补贴等。丰富的创新制度保障能够有力地促进怀化创新资源的整合与高效利用，进而逐渐形成良好的创新生态系统。这不仅对提升怀化区域的创新能力以及市场竞争力具有重要意义，更是为怀化经济的蓬勃发展注入了源源不断的新活力。所以，丰富创新制度保障是发展怀化高校产学研合作与科技成果转化关键的一环。

（三）完善政策、法律保障体系

完善的政策、法律保障体系是进一步推动怀化高校产学研合作与科技成果转化的关键举措。通过完善政策、法律保障体系来促进怀化高校与企业之间的深度合作，建立更加紧密的联系，实现资源的有效整合与共享。在政策方面：一是针对不同领域、不同阶段的创新活动，出台精准扶持政策、专项扶持政策。二是制定针对创新驱动发展的综合性、系统性政策，加强顶层设计。三是出台一系列财政扶持政策，在重大创新项目面前设立专项经费等。在法律方面：一是要完善与新技术、新商业模式相适应的知识产权法，不断细化、更新知识产权相关法律条文，对技术转移过程中的权利义务进行规范，进而保障各方的合法权益。二是注重反垄断法，在防止市场垄断抑制创新的同时，也可以创造一个公平竞争的环境。三是通过开辟专门的处理渠道建立快速的法律救济机制，以高效处理怀化产学研合作与科技成果转化问题，加大法律的监督和执行力度，保证怀化产学研合作与科技成果转化的有效进行。完善的政策与法律保障体系对怀化高校产学研合作与科技成果转化的发展能够产生极大的影响，它推动了科技成果的转化和应用，提升了创新能力和竞争力，促进了区域经济的发展，为怀化高校产学研合作与科技成果转化创造了更加完善的法律条件和环境。

（四）加强人才发展机制保障

丰富的人才机制保障是帮助怀化区域吸引和留住人才的重要因素，缺乏丰富的人才保障机制给怀化区域的发展带来了一系列挑战和困境。为此，怀化区域需要加强人才机制保障，以打造一个良好的人才发展环境。采用多元化的人才选拔机制，选拔有潜力的人才，除传统的招聘外，还可以通过竞赛、项目竞标等多种方式进行。可以为每一位人才量身定制职业发展路径，建立个性化的职业发展规划，为其提供跨领域发展机遇，激发其内在的动力和积极性。可以建立适应不同人才需求的弹性工作制度，允许其在一定程度上有弹性地进行时间和地点的弹性工作。可以采取人才交流轮岗机制，丰富人才经验、拓宽人才视野。可以设立激励性工资福利制度，除基本工资外，设置多种激励形式。最后，可以通过建立人才评价反馈机制，定期综合评价人才，然后根据评价结果，在调整培养、使用策略的同时，给予客观的反馈和建议，让他们更加积极主动地投入产学研合作与科技成果转化工作中。完善的人才体制保障能够促进人才在高校、科研院所和企业之间的流动和协同合作，带来不同领域的知识和经验，促进创新和发展，提高科技成果转化的效率和质量。怀化区域只有不断完善人才保障机制，才能提升人才质量和数量，激发人才创新活力，从而提高科技成果转化效率，增强区域竞争力。

二、加强资金的规划管理

（一）加大科技创新资金投入

加大资金投入是促进怀化高校产学研合作与科技成果转化的关键举措之一。目前，怀化区域缺乏足够的资金支持和资源保障，这在一定程度上制约了怀化高校在产学研合作与科技成果转化方面的发展。所以，对怀化的人才培养、科研项目等需要增加专门用于支持其发展的政府财政拨款。在扩大补贴范围、增加补贴额度、引导社会资本参与等方面，应优化财政补贴政策，并设立加强财政扶持的产业投资基金。在拓宽资金来源上，可以借助科技金融机构，还可以利用资本市场融资，鼓励创新企业上市融资，推动成立产业投资基金，专注于特定领域的科技成果转化项目投资。在优化资金分配机制上，可以建立动态调整机制，确保资金向重点领域和重点项目倾斜。加大资金投入可以促进产业竞争能力的增强，促进科技成果产业化的速度加快，进一步促进怀化高校产学研合作和科技成果转化。同时，还可以创造就业和增长经济，为怀化社会经济发展创造更多的就业岗位，为怀化区域带来巨大的经济效益。

（二）明确科技资金执行规范

明确资金执行规范有助于怀化高校产学研合作与科技成果转化，它是推动怀化高校科技创新和经济发展的重要规范。缺乏明确的资金执行规范会导致一些项目在实施过程中出现资金使用混乱、效率低下等问题，在很大程度上影响了科技成果的转化进程和质量。由于资金执行不规范，一些合作项目无法得到持续稳定的资金支持，导致中途夭折或进展缓慢，这不仅浪费了宝贵的科研资源，也错失了许多发展机遇。首先，可以制定详细的预算方案，以明确每一笔支出的用途等，并对资金的使用范围进行明确，避免资金使用模糊地带的产生。其次，建立严格的审批流程，设置多层级依次审核的审批流程以保证资金的合理使用。再次，对报销制度进行规范，对报销凭证的种类、要求等进行明确规定，保证每一笔费用都是合法合规的。同时，可以定期开展财务审计，一旦发现问题，及时整改资金使用情况，对可能出现的问题，通过严格的资金流向监控，做到及时发现、及时纠正，做到资金使用与项目进度相匹配，防止出现资金空转或超支现象。还可以建立责任追究制度，明确责任人和处罚措施，针对违反资金执行规范的行为进行问责，并开展经费使用培训，组织有关人员开展经费使用规范和流程培训，以提高其认识和操作能力。此外，对经费使用情况进行公示，接受监督，并与绩效等挂钩，形成约束机制。最后，还可以引入第三方监管，通过信息化手段完善信息化管理体系，全程监控资金执行情况。通过规范资金投入和使用，怀化高校能够将更多的科技成果转化为现实生产力，为怀化经济的发展注入新的能量。同时，这也可以促使更多的企业与怀化区域建立紧密合作关系，形成良性循环，推动怀化产业结构的升级和转型。

（三）推动研发资金高效回收

研发资金回收这一关键环节对推动怀化高校产学研合作与科技成果转

化有着极深的影响。同时，也可能因为资金回收不畅，一些较有潜力的科研项目无法得到持续的支持，造成了资源的浪费。因此，推动研发资金回收是推动怀化产学研合作与科技成果转化的有效对策。在高校和科研院所层面，明确合作协议，将包括科技成果转化后收益分配细则等研发资金回收条款细化到合作协议中；抓好项目流程管理，通过专利授权、技术转让等及时对项目进度进行评估，积极促进科技成果转化和商品化，加速资金回流。同时要制定研发进度、成果情况等定期汇报机制，为后续的资金回收打下基础。在企业层面，可以建立风险共担机制，在合作之初就明确资金回收的职责和途径，注重研发市场化，通过知识产权商业化运作实现价值变现，加速研发资金回收。在政府层面，政府在给予资金支持、设立专项资金的同时，可以在产学研合作平台、科技成果转化等方面给予政策支持和引导，并对产学研合作项目资金回收情况进行监督评估，做到发现问题及时解决。推动研发资金回收能够有力带动怀化产业升级和经济增长，并且能够激发市场活力，培育新的经济增长点。这将促使怀化区域在区域竞争中占据更有利的地位，提升城市的综合实力和影响力。同时，还可以加强与其他地区的合作与交流，形成优势互补、协同发展的良好局面，推动怀化经济社会实现高质量、可持续的稳定发展。

三、加强政府的引导作用

（一）完善科技成果转化监督评估体制

监督评估体制对怀化高校产学研合作及科技成果转化工作起到至关重

要的作用，能够对转化过程中出现的问题及时发现、及时解决，并保证资源的合理利用和有效配置，确保各项工作按照既定目标和计划有序推进。但由于怀化区域在推进高校产学研合作和科技成果转化过程中的监督评估体制不健全，存在项目推进不透明、科技成果质量难以保证、资源分配不合理等问题，导致科技成果转化效率和效果受到一定影响。因此，有效促进怀化高校产学研合作和科技成果转化的关键就是完善监督评估体制。以下是一些完善监督评估体制的方法：一是要建立具体指标，涵盖项目进度、资金使用效益等多个方面，并对监管和考核依据进行明确规定。二是要针对产学研和科技成果转化，从不同的角度设立多元化的监管主体。同时，利用数字化手段做到定期检查与动态监控相结合。三是加强信息公开透明，将有关产学研合作与科技成果转化的情况向社会公开。四是要建立申诉和反馈机制，允许被监督方提出申诉。此外，可以借鉴同类领域先进的监管考核制度与经验进行研究和借鉴。利用完善的监督评估体制激励各方积极参与怀化高校产学研合作和科技成果转化，通过评价结果的合理运用实现工作提质增效。总之，健全监督评价体系不仅可以促进合作提质增效、保障科技成果顺利转化、激发科研人员积极性和创造力、优化资源配置等，还可以成为促进怀化高校产学研合作和科技成果转化的有力推手。

（二）明晰区域产业发展规划

怀化区域在高校产学研合作和科技成果转化方面缺乏清晰的产业发展规划，就不容易有清晰的发展目标和发展方向，也就不容易把研究方向与怀化区域的产业需求结合得更为紧密。因此，制定明确的产业发展规划是促进怀化高校产学研合作和科技成果转化的有效对策。可以加强与高校、科研院所的合作对接，明确双方的需求和目标，立足怀化区域的产业基础和优势特色，共同探讨适合怀化区域发展的产学研合作方向和重点领域。同时，可通过招商引资等方式补齐怀化区域发展短板，积极营造良好的创新创业环境，制定专门的人才培养计划，加强怀化区域间的政策支持、资金支持、基础设施配套建设等，通过合作交流，共同推进怀化区域内产学研合作和科技成果转化。最后，通过产业发展规划的引领，怀化区域能够更好地整合资源、优化产业布局，以形成具有特色和优势的产业集群，在经济发展中抢得先机，抓住发展机遇。

（三）加大科技项目引入力度

怀化市位于经济发展水平相对落后的大湘西，其经济发展面临的挑战较多，产业结构相对单一，传统产业比重较高。加大科技项目引入力度可以促使怀化区域推动高校产学研合作与科技成果转化，促进怀化区域传统产业转型升级，提高产业附加值和竞争力，同时，还可以为怀化产业多元化发展、经济转型升级带来新的经济增长点。首先，要明确自身优势和合作定位，开展精准招商，明确本地资源优势，有针对性地引入项目。可以通过招商会、展会等形式制作区域宣传资料和视频，对当地的投资环境、优惠政策等进行宣传，同时对政策环境进行优化，确保政策的稳定性、连续性。其次，可以组建专业招商队伍，利用商会、行业协会等组织的资源和网络招募具有丰富经验与专业知识的专业人员，拓展招商渠道。再次，在审批、建设等环节提供高效协助，简化办事流程，提高行政效能，为引进项目提供一条龙服务。不仅如此，还可以通过对目标企业和项目进行深入研究分析，制定个性化招商方案，提高引进成功率。最后，可以强化激励机制，以调动积极性、主动性为目的，对招商团队及个人进行适当的奖励，加大项目引进力度。项目引进的增多也可以促进人才的培养和流动，而项目的实施为培养人才提供了良好的环境，使人才不断成长，通过参与项目积累经验、增强能力，以实现资源的最优化配置。这对怀化建设人才生态圈将起到积极的推动作用。

四、建设平台与中介机构

（一）构建科技成果转化平台

高校产学研合作以及科技成果转化平台是推动高校产学研合作与科技成果转化的关键要素之一，其促进了知识的流动以及资源的整合。怀化地区由于缺乏高校、企业与科研院所有效的沟通途径，难以找到适宜的产业化途径与应用场景，致使怀化地方经济与科技发展迟缓，故而怀化区域需要打造丰富多样的高校产学研合作平台与科技成果转化平台来予以推动。这些平台的构建将会给怀化区域带来多方面的积极影响。以下是一些构建高校产学研合作、科技成果转化平台的举措：需强化高校内部平台建设，设立专门的技术转移办公室或机构，并配备专业人员负责科技成果转化相关事务。同时搭建校内科技成果展示平台，定期举行成果发布会与推介会。还可建立校内创新创业孵化基地，为师生提供场地、资金以及指导等支持。可与企业共同建设合作平台，联合企业共建产业技术研究院、协同创新中心等，聚焦特定领域展开深入研究与合作。也可利用互联网与信息技术打造线上产学研合作平台，通过信息发布、项目对接、资源共享等数字化功能，精准匹配高校科技成果与企业需求。依托区域特色产业构建国际合作平台，吸引国际企业参与平台建设，通过与国外高校、科研院所合作建立联合研发平台，吸收国际先进技术与经验，拓宽国际合作渠道，推动科技成果的国际化转化。经由平台进行宣传与展示，科技成果能够更为迅速地获得市场的认可与接纳，进而提高成果的转化效率与经济收益。同时，平台上的各类资源和机会也为高校、科研院所、企业等提供了更为丰富的发展空间与可能性，有利于构建优良的创新生态系统，推动怀化区域产学研合作以及科技成果转化朝更为深入的方向发展。

（二）推进公共服务平台建设

公共服务平台能够实现对各类资源的有效整合，达成资源的优化配置与共享，进而提高效率，为企业和个人等提供更具针对性、实用性与专业性的服务。怀化区域在产学研合作与科技成果转化过程中缺少公共服务平台，导致各方在信息交流、资源对接、技术推广等方面面临诸多困难。这不但限制了科技成果的有效转化与应用，也影响了企业的创新发展与竞争力提升，使得怀化区域的经济发展与科技进步受到一定程度的阻碍。由此可见，推进公共服务平台建设对怀化高校产学研合作和科技成果转化意义重大。首先是要了解各行业对于公共服务的具体需求与痛点，充分发挥政府的主导作用，为平台建设与运营提供政策扶持。其次是通过整合各方资源与优势，鼓励企业、社会团体、高校等共同参与公共服务平台的建设。在技术支持方面，需要引入先进的信息技术，以保障公共服务平台高效便捷。在人才资源方面，需要招聘负责开发和维护公共服务平台的专业运营管理人才。在优化功能设计方面，需要依据用户的需求进行定期的优化与升级。同时，还应建立评价机制，根据评价结果定期评价平台的运行效果，加以完善与改进。此外，还可建立用户反馈渠道，不断完善以用户为中心的公共服务平台建设。总之，推进公共服务平台建设对于推动怀化高校产学研合作与科技成果转化具有重要意义。其不但促进了知识的流动与资源的整合，为科技成果转化提供了有力的支持，还构建了创新生态系统，培养了创新人才。推进公共服务平台建设能够不断优化创新环境，促进怀化高校产学研合作与科技成果转化的深度融合，推动区域产业升级，为怀化经济社会的发展作出更大的贡献。

（三）完善中介服务机构体制

科技中介服务机构是推动怀化高校产学研合作与科技成果转化的重要力量，能够为高校的科技成果提供专业的评估、推广等服务，然而怀化科技中介服务机构成立时间均较短，且缺乏完善的科技中介服务体制，这会使交易过程变得复杂，增加交易成本与时间。故而，完善科技中介服务机构体制对于推动怀化科技中介服务机构的发展以及怀化社会经济的发展均有着重要作用。要明确界定科技中介服务机构的具体职责与作用，制定统一的行业标准与行为准则，以此规范服务流程与质量。再者，要优化人才结构，定期组织培训与学习交流，提升专业服务能力。然后建立质量评估体系，设立科学的评估指标以便对科技中介服务质量与效果进行客观评价，再根据评估结果进行改进与提升。另外，政府应出台相关扶持政策，引导科技中介服务机构健康发展。完善科技中介服务机构体制对推进怀化高校产学研合作与科技成果转化具有重要意义。其不但为高校、企业和社会带来了信息的流动、资源的整合与专业的帮助，也为科技中介服务机构自身的发展创造了良好的环境，为怀化区域的经济发展和科技进步提供了新动力。

（四）推动中试转化基地建设

中试基地作为连接科技成果与产业化之间的重要桥梁，对推动怀化高校产学研合作与科技成果转化起到了关键作用。怀化缺乏中试基地的建设，在限制了怀化高校产学研合作与科技成果转化发展的同时，也限制了怀化区域的发展。因此，推动中试基地建设是推动怀化高校产学研合作与科技成果转化发展、带动怀化区域发展的有效对策。可以加大政策扶持力度，政府出台鼓励企业、科研单位参与中试基地建设的专项政策，在资金、土地、税收等方面给予倾斜与支持。通过多种筹资渠道，引导社会资本注入建设资金。再者，可以明确施工主体，鼓励实力企业主导中试基地的建设，根据怀化地区的产业特点与发展需求，优化布局规划，对中试基地的布局与功能定位进行合理规划，避免重复建设和资源浪费。同时，加大人才培养与引进力度，为中试基地培养技术人才和管理人才。总体来看，中试基地的推进不仅能为高校、企业、科研单位间的科技创新与经济发展提供一个科技成果验证、优化、规模化生产的平台，而且可以降低科技成果转化的风险，在进一步推动怀化科技创新与经济发展的同时，也为怀化地区在科技领域的持续发展奠定了坚实的基础。

结　语

本书在区域科技创新体系和国家科技创新体系建设的大背景下，以大湘西地区的重要城市——怀化市为例，深入探讨了大湘西地方高校产学研合作与科技成果转化策略，具有现实意义和长远价值。

首先，明确了大湘西地方高校未来高质量发展的重要使命。地方高校作为知识创新和人才培养的重要基地，承担着为区域发展提供智力支持、促进科技成果转化、培养适应地方需求的高素质人才等重要职责，在国家创新体系中，地方高校凭借其丰富的智力资源和科研实力，能够为区域经济发展提供强大的技术支撑和创新动力。因此大湘西地方高校应积极发挥自身优势，找准定位，以高质量产学研合作推动科技成果转化发展为目标，为提升国家整体创新能力贡献力量。

其次，梳理了当前大湘西面临的科技成果转化挑战与困境。在对当前大湘西面临的挑战与困境进行梳理的研究过程中，我们清晰地看到了大湘西地方高校在产学研与科技成果转化方面所面临的诸多问题。例如，合作保障体系不够健全、资金管理体系不够规范、人才管理机制相对不足、专业平台与中介相对匮乏等问题，还存在成果转化渠道不畅、企业参与积极性不高、政策扶持力度有限、市场对接不够紧密等一系列问题。这些问题无疑极大地制约了大湘西地方高校科技创新和科技成果转化的效率，亟待我们去深入探究并切实解决。

再次，提出了切实可行的高校产学研合作和科技成果转化策略。针对大湘西地方高校产学研与科技成果转化现实问题，本书提出了一系列相关策略和路径。一方面开展高水平应用性科学研究，打造高水平创新型教师队伍。另一方面。发展创业型高校，促进区域科技创新体系发展和建设；总结出只有通过各方的共同努力，地方高校才能真正实现高校产学研合作促科技成果转化的高质量发展，让科技成果更好地服务于经济社会发展，推动国家创新能力的不断提升。同时，地方高校要加强自身科研管理和创新能力建设，提高科技成果的质量和实用性，培养具有创新精神和实践能力的高素质人才。此外，还应积极拓展融资渠道，吸引社会资本参与科技成果转化，为科技成果转化提供充足的资金支持。

最后，展望了大湘西地区地方高校未来科技成果转化发展的方向与前景。在未来，地方高校有望与更多的企业建立紧密合作关系，形成产业技术创新联盟，共同攻克关键核心技术，推动产业升级。地方高校需紧密结合区域经济发展需求，开展具有针对性和前瞻性的科研项目，这样才能更好地推动科技成果快速转化和产业化。政府、企业与社会各界也应给予大湘西地方高校更多的支持和关注，共同营造良好的科技创新氛围和环境。大湘西地方高校产学研与科技成果转化将成为区域经济高质量发展的重要引擎，在国家发展战略的指引下，实现更高水平的跨越与进步。

　　总之，本书为我们深入了解大湘西地方高校的科技创新现状和发展方向提供了重要依据。通过研究，我们不仅明确了问题所在，更找到了应对问题的策略和路径。在未来的发展中，我们要紧紧围绕区域科技创新体系建设和国家创新体系要求，充分发挥大湘西地方高校的优势和潜力，不断推动产学研合作与科技成果转化，从而为大湘西地区乃至全国的经济社会发展注入新的活力和动力。大湘西地方高校的产学研与科技成果转化将有力推动当地产业结构的优化升级，促进当地经济的高质量发展。

参考文献

一、专著

[1] 陆园园．中外产学研协同创新研究 [M].北京：人民出版社，2017.

[2] 温平川，李盛竹．产学研协同创新的诱发机制与实施路径研究 [M]. 北京：中国社会科学出版社，2021.

[3] 罗琳，丁建，顾新．产学研协同创新的知识创新研究 [M].北京：科学出版社，2019.

[4] 陈立秦．产学研联盟与区域科技发展——以重庆为例 [M].成都：四川大学出版社，2011.

[5] 邢泽宇．产学研合作双模网络嵌入与创新主体双元创新研究 [M].北京：经济科学出版社，2022.

[6] 朱恪孝，姚聪莉．西部产学研合作模式的选择研究 [M].北京：科学出版社，2011.

[7] 申绪湘．民族地区高校产学研合作创新研究——模式·实证·案例[M].上海：上海交通大学出版社，2011.

[8] 吴洁，盛永祥．产学研合作中高校知识转移模式与创新能力提升研究 [M].哈尔滨：哈尔滨工程大学出版社，2015.

[9] 郭惠 . 政产学研的耦合机制与创新驱动 [M]. 北京：中国财政经济出版社，2021.

[10] 王爱文 . 知识生产模式变革与高校产学研合作创新 [M]. 广州：中山大学出版社，2023.

[11] 刘敦虎 . 产学研创新联盟知识转移机制及运行效果的实证研究 [M]. 北京：科学出版社，2015.

[12] 刘平，张炼 . 产学研合作教育概论 [M]. 哈尔滨：哈尔滨工程大学出版社，2007.

[13] 陈芳 . 世界主要国家新型产学研合作创新重点政策研究 [M]. 北京：科学技术文献出版社，2022.

[14] 吴修国，姜彤彤 . 协同创新视角下产学研合作效率评价相关问题研究 [M]. 北京：经济科学出版社，2018.

二、论文

[1] 原长弘 . 国内产学研合作学术研究的主要脉络：一个文献述评 [J]. 研究与发展管理 ,2005(4):98-102，109.

[2] 王章豹，祝义才 . 产学合作：模式、走势、问题与对策 [J]. 科技进步与对策 ,2000,17(9):115-117.

[3] 文华 . 民族高校经济管理类创新创业人才培养中的产学研合作模式研究——以延边大学为例 [J]. 科教导刊 ,2021(27):34-36.

[4] 王尧 . 基于创新价值链的产学研合作模式研究 [J]. 生产力研

究,2012(10):200-201,204.

[5] 顾志恒,刘群彦,王超,等.校企产学研关联合作中知识产权转移与优化策略 [J]. 中国高校科技,2024(1):9-13.

[6] 高艳慧,吕赟可,刘岩,等.产学研合作对高校科技成果转化速度的影响研究 [J]. 中国高校科技,2023(8):76-83.

[7] 何发岐,徐兵威,王建亮,等."产学研用"融合促进科技成果转化探索与实践 [J]. 石油科技论坛,2021,40(2):56-60.

[8] 陈兰杰.国内外高校科技成果转化模式比较研究 [J]. 工业技术经济,2009,28(3):53-56.

[9] 谷德斌,尹航,杨贵彬.高校科技成果转化驱动模式研究 [J]. 科技进步与对策,2012,29(13):24-28.

[10] 朱琬宁.高校科技成果转化服务模式比较研究——以国内外 4 所院校调研分析为例 [J]. 中国高校科技,2020(11):4-7.

[11] 袁传思,贾晓,袁俪欣.高校科技成果转化实施模式与路径的探索研究 [J]. 科技管理研究,2020,40(3):84-89.

[12] 梁晶晶.我国高校科技成果转化模式分析与对策建议 [J]. 产业与科技论坛,2021,20(7):230-232.

[13] 程燕林,徐然,常亚男.基于科研人员行为动力的科技成果转化模式研究 [J]. 科学管理研究,2022,40(1):54-61.

[14] 王健,王晓.高校科技成果转化管理机构管理模式类型探析 [J]. 中

国高校科技 ,2023(7):22-26.

[15] 罗林波 , 王华 , 郝义国 , 等 . 高校科技成果转移转化模式思考与实践 [J]. 中国高校科技 ,2019(10):17-20.

[16] 宗倩倩 . 高校科技成果转化现实障碍及其破解机制 [J]. 科技进步与对策 ,2023,40(4):106-113.

[17] 邓恒 , 王含 . 专利制度在高校科技成果转化中的运行机理及改革路径 [J]. 科技进步与对策 ,2020,37(17):101-108.

[18] 钱智 , 刘钢 , 宋琰 , 等 . 上海高校科技成果转移转化的问题与对策 [J]. 科学发展 ,2020(11):5-12.

[19] 贾雷坡 , 张志旻 , 唐隆华 . 中国高校和科研机构科技成果转化的问题与对策研究 [J]. 中国科学基金 ,2022,36(2):309-315.

[20] 张金福 , 李哲婷 . 高校科技成果转化中的症结及其化解逻辑 [J]. 科技管理研究 ,2022,42(22):103-109.

[21] 唐丹蕾 , 王琦 . 科研院所与高校科技成果转化问题与建议 [J]. 中国发明与专利 ,2020,17(2):92-98.

[22] 张亚明 , 赵科 , 宋雯婕 , 等 . 区域科技成果转化政策工具的配置与优化分析——基于河北省的政策文本计量 [J]. 软科学 ,2024,38(1):23-30.

[23] 危亚琼 . 广东省高校产学研合作模式及对策研究 [D]. 广州 : 华南理工大学 ,2020.

[24] 王悦 . 基于科技成果转化的产学研合作模式创新研究 [D]. 北京 :

北京邮电大学 ,2024.

[25] 初国刚 . 产学研合作创新型人才培养模式和机制研究 [D]. 哈尔滨 : 哈尔滨工程大学 ,2018.